錦笑亭満堂

Kinshoutei
Mandou

JN081026

ウチの師匠がつまらない

PARCO出版

目次

3章 師匠との毎日

4章 そして真打になる

5章 やっぱり師匠はつまらない

プロローグ

――前座修行2年目の夏のことである。

その日は地方での興行があるため、弟子たちは朝から支度に追われていた。師匠は朝からご機嫌で、タクシーで羽田空港に到着するや、最近お気に入りだという、空港ターミナル内にできたばかりの立ち食い寿司屋さんに移動する。

着くやいなやビールで乾杯だ。うまそうに飲む師匠の仕草にほれぼれするも、すぐに我々前座にも声がかかる。

「お前らもやりなさい」

〝前座〟は修行中の身ゆえ、師匠の前での飲酒は御法度であるらしい。だが、好楽一門は違う。そんじょそこらの一門のルールなんかクソ喰らえだ。我々一門には「飲むのが修行」という謎のルールがあり、いつどこで飲んでもOKなのだ。

だが、勧められるままに飲んでもいけない。なぜなら今は朝の7時50分なのだから。

我々は地方で行われる落語会に出向いている。現地に着いたらすぐに会場に向かうことになる。

そりゃあ師匠は機内で寝られるからいいけど、こちらはそうはいかない。他の師匠方のそれぞれ違う着物の着付けや、畳みの確認を機内でしなければならないし、もし師匠に呼ばれたらすぐに駆けつける必要がある。つまり、おいそれと寝るわけにはいかない。だから、勧められるままに口をつけるけれど、適量を口に入れてそっと杯に戻す。ある意味、これも修行かもしれないと思う。そうして、いつものように1日がスタートした。

――会場に到着する。今日も朝から円楽師匠は不機嫌。だが、我が師匠はいつものとおりご機嫌だ。

「良いホールだね、ここは落語がやりやすいだろうね」

横にいるスタッフさんにそう言うと、なぜかその場の空気が悪くなった。遠くにいた館長さんが慌てて駆け寄ってきて「師匠、こちらには3年前に来ていただいております」と言う。我々弟子たちは凍りつくが、師匠は気にする様子もない。つくづくいい加減な師匠だと思う。

　そういえば、このあいだも「山口県は蒲鉾が美味いんだ」と空港でしこたま買い込み、東京で包装を開けたら全部ちくわだったこともあった。金沢では、「あそこのカレーパンは金沢名物なんだよ」と「元祖横浜カレーパン」と大きく書かれた看板の前に並んでいた。


――落語会が始まる。楽屋にいる師匠は相変わらず競馬新聞と睨めっこである。「このレースはこれがくるに違いないよ」と言っても誰も気にしていない。当たるわけがないからだ。

「師匠そろそろ出番です」と伝えると、「はいよー」といい返事が返ってきたが、なぜか楽屋を気にしている。そして、そっと私に顔を近づける。

「お前に一つお願いがあるんだ。新潟9レースはどの馬が来たか見ておいてほしいんだ。勝ったら今日は宴会だからね、アハハハハ」

　そうして高座に上がったものの、競馬の結果が気になるのか最初から最後までグズグズ。最前列のなじみ客が欠伸をしているのが見える。だが師匠たるもの、自分の噺の出来なんて気にすることはない。なにより競馬の結果のほうが気になるのだ。

噺が終わって袖に戻ってきた師匠に「8－6」でしたと伝えるとガックリと肩を落とす。

「……しまった。私の誕生日（8月6日）馬券だったか」

「6の頭は押さえてたのに……」とぼやき、「今夜は悪いけどサイゼリヤにしよう、アハハ」と笑う。

弟子たちはそっとため息をつく。その横にいる円楽師匠は相変わらず不機嫌であった。こちらも競馬が外れたんだろう。

前座働きはとにかく疲れる。この日は会場からすぐ近くで主催者を交えた大きな打ち上げがあるという。前座の疲労は打ち上げでピークに達する。なぜなら師匠方に気を配りながら、主催者の皆さんのお酒も作り、さらに手付かずで残され冷め切った料理も残さず食べなければならないからだ。

悪いことは重なる。打ち上げ会場に行くと、気遣いからかコンパニオンが派遣されていた。師匠方についてくれるのはありがたいが、弟子たちの仕事がなくなってしまう。師匠たちは若い女性にお酌されたがっていたが、不幸なことに、師匠好楽についたコンパニオンが最悪だった。

「え～、アタシぃ、笑点なんて見たことな～い。よく知らないおじいちゃんだ、キャハハハハ」

頭が悪いのは許す。だがせめてそれを隠してほしい。それを他人に大声で教えないでほしい。

「師匠、明日も早いので、お茶にしましょうか」

「まだお酒、飲んでるじゃ～ん」

件のコンパニオンは私たち前座の気遣いもことごとく無下にする。あぁ、イライラする。だが師匠は笑顔で対応している。

師匠が優しすぎるから、調子に乗ったコンパニオンは師匠相手に「なんか面白い事言ってくださ～い」と言った、それを私たち弟子は聞き逃さなかった。

こう見えても、気の短さは新宿駅と新宿三丁目駅の間隔にも劣らない私である。コンパニオンがトイレに行くタイミングを見計らって駆け出した。そして、彼女の腕を取って、会場の端っこに追い込んだ。

「なんですか、あの態度は。もうあの席つかなくていいですから。水割りとかこっちで作るんで」

言いたいことも言えないこんな世の中かもしれない。だが、我が師匠をコケにされては弟子の名が廃る。一方的にまくしたて、久しぶりに溜飲を下げた気がした。さすがに気まずそうな顔をして、我々から逃げるように別テーブルで所在なげにしている。よしよし。これで一件落着だ。

意気揚々である。他の師匠方の空いた皿を取りに行く。そして料理を運ぶ。酒も言われる前に作る。気遣いにかけては前座に勝るものはいないのだから……。そして打ち上げが終了した。

空港までのタクシーは師匠と二人きりだった。どうしたことか、さっきまでとはうってかわって師匠の機嫌が悪い。ずっと窓の外を見たままひと言も喋らない。どうしたんだろう？　やっぱりあのコンパニオンのせいだな。もっと早くに言えばよかったか……。なんて考えていたら、師匠と目が合った。赤ら顔だった。そして再び車窓に目をうつし、つぶやいた。

「打ち上げなんてさ、たった1時間半の付き合いじゃないか。あんな風に怒ったらさ、お前が損だよ。ニコニコ笑顔でいれば、主催者もあの子たちも楽しく帰ってくれたんだから。ああいうのはつまらないし、良くないよ」

いつも優しい師匠に初めて怒られた、前座2年目の夏であった。

1章

末《すえ》高《たか》斗《と》夢《む》の誕生

バラエティにかじりついていた幼少期

三遊亭好楽《さんゆうていこうらく》。我が師匠である。幼い頃から毎週日曜の夕方『笑点』に出ている〝ピンクのおじさん〟程度の認識で、「ピンクの小粒コーラック」という下剤のCMがあったが、名だたる笑点メンバーの中では確かに小粒だと思っていた。

まず回答がつまらない。面白いことを言おうとしてドヤ顔をする。そしてツルッとスベる。笑ってごまかす。なんで、みんな愛想笑いするんだろうと思っていた。笑点で大ウケを取っているのを見たことがない。そのピンクのおじさんが、まさか自分の師匠になるとは思ってもいなかった。

僕は十代の前半からお笑いの世界で生きてきた。本名の末高斗夢として芸能活動してきた私が、なぜ違う世界に飛び込んだのだろう。なぜつまらないと思っていた落語家を師匠と呼ぶようになったのか。それを知っていただくために、まずは自分の生い立ちから語ろうと思う。

父親は歯科医師で母親はピアニストという家に生まれた。クリっとした目鼻立ちの可愛らしい子供で、いつもいい服を着させられ、絵に描いたような坊ちゃんであったと思う。母が以前フランスに住んでいたこともあり、週末はフランス人音楽家がたくさん集まるホームパーティーが開かれた。我が家にはグランドピアノがあったし、母の友人がいつもペルシャ絨毯を売りに来ていたのを覚えている。長野に別荘があり、夏と冬は長野でスキー三昧の日々を送った。定期的にヨーロッパ旅行に行ったし、中学生の時はスイスに短期留学をした。

今ならかなり特殊な環境だとわかるが、それが普通だったから何もありがたみを感じなかった。芸人の定番である、幼い頃の貧乏エピソードなど皆無だ。幼稚園から私立に通っていたので、地元に友達などいない。小学生の頃から電車で移動していたので、行動範囲がとにかく広く、おかげで行動力は身についた。同じ年の子たちと比べたら、明らかに見ていた世界が広かったんだと思う。

だからか、小さい頃からマセガキだった。大人が見るようなバラエティを見て、そのネタをそのままマネすると、友達が笑ってくれるのが嬉しかった。それが人を笑わせた最初の経験だろう。

自由な家であったが、『とんねるずのみなさんのおかげです。』は見せてもらえなかった。禁止されると反動が大きくなるというが、その通りだと思う。毎日学校から帰ると、バラエティ番組見たさにテレビにかじりついた。気がつけば〝芸能界〟という世界が好きになっていた。ゴシップを仕入れては学校で友達に披露して得意になっていたのもこの頃だ。

当時好きだったのは、酒井法子。家の近所で『ひとつ屋根の下』の撮影があると知った時は、「写ルンです」を持参し駆けつけたが、そこにいたのは妹役の大路恵美だった。仕方なく撮影したものの、現像した写真をずっと眺めていたら、なんだか大路恵美が好きになってしまった。

小学校高学年では内田有紀とＴＲＦのファンクラブに入り、中学校時代はＳＰＥＥＤのことを毎日考えていた。ショートカットで活発な女性には今でも弱い。

テレビを見るのは好きだった。そんなとき、衝撃的な番組が始まる。『ボキャブラ天国』だ。歴史に残る名番組は自分のダジャレの原点と言ってもいいかもしれない。番組に出て笑いをかっさらうキャブラーをとにかく尊敬していた。中学校の学園祭では同級生のしんごとジャリズムのネタを丸パクリして大ウケしたこともあった。

だが、他人のネタをそのままやって笑いを取ることへの罪悪感もあった。他人のネタでなく、自分の力で笑いを取りたいという芸人としてのプライドが芽生えたのもこの頃だ。中3最後の学園祭では意気込んでオリジナルネタを作ったものの、大スベリしてしまった。担任の先生からは「今日はどうしたんだ?」と心配されてしまう。

初めてテレビに出たのは、中学3年生の終わり頃。大好きだったチェキッ娘の番組だった。フジテレビの近くにある東京ジョイポリスに集まった素人がダジャレを披露する「ジョークボックス」というコーナーだった。学校を早退してお台場に向かう。スタッフが集まり中継の準備が始まる頃には、出演を狙う者たちが少しずつ集まり始める。

中学生だから目立ったのだろう、無事に出演することができた。その時のネタは、自宅から持参したパンツを頭からかぶって、「ダジャレ! 北島三郎! 下着はカブロー！」と叫んだのだ。我ながら、素晴らしいテレビデビューであったと思う。

今よりも素人がテレビに出やすい時代でもあったし、多少粗いネタでも誰も目くじらを立てなかった。その後、〝変な中学生〟がいると話題になったのか、『学校へ行こう！』や『笑っていいとも！』にも出ることができた。

芸人になると心に決めた10代

とにかく目立ちたいという気持ちは、ますますエスカレートするばかりだった。その頃には将来は芸人になると決めていたし、そのためには養成所に行かなくてはいけない。東京のNSC（吉本が運営する養成学校）は週5回の授業で学費は40万円。必死で調べたところ、名古屋にあるNSCは週1で月謝5000円。これだと思った。授業のある木曜は高速バスで名古屋に向かい、授業が終わると夜行列車で帰ってくる生活が始まった。

ある日、お笑い界の重鎮作家・かわら長介さんの授業で、自分が東京から通う15歳だとわかると「そんなに情熱があるんだったら、東京に道筋を作ってあげるからすぐに帰りなさい」と言われて名古屋には通わなくなった。
その後、ワハハ本舗の舞台を見て感激のあまり「何か手伝わせてください」と事務所に押しかけ、高1の時には端役で公演にも出させてもらった。たしか、北朝鮮の工作員の息子役だったと思う。

ある日、家の近所のコンビニで愛読書のヤングマガジンを立ち読みしていたら、自分が「ミスターヤングマガジンコンテスト」でグランプリに選ばれていて腰を抜かしそうになった。そういえば、ヤングマガジン創刊20周年を記念して行われたコンテストに、パンツ一丁の写真で応募した記憶がある。なんということだ！

奇しくもその日は生徒会選挙の演説日でもあった。選挙にあたり「学食全品20円値下げ」を公約に掲げた私は、演説の途中で「私ごとですが、先日ミスターヤングマガジンに選ばれました」と言ったら拍手喝采。もちろん選挙に受かったのは言うまでもないが、20円値下げの件は先生から説得され取り下げざるを得なかった。今思えば、相場に比べ嘘みたいに安い価格で提供してくれていたおばちゃんたちにさらに値下げを要求する、なんとも酷い学生に映ったことだろう。

その夏、『デビュー』という雑誌を見ていたら、「M2カンパニー（のちのホリプロコム）」のオーディションがあることを知る。M2カンパニーは、当時ボキャブラでいうと、X-GUNや底ぬけAIR-LINE、さらにバナナマン、スピードワゴンも居るお笑い好きでは知らない人がいない事務所だった。よし、ここを受けてみよう。

そして、ありがたいことにご縁があり、所属先が決まった。

明るい三枚目に活路を見出す

こうやって書き連ねていると、まるでお笑いのエリートであるような錯覚を覚えるかもしれないが、それは違う。世はお笑いブームだっただけだ。さらに、自分の周囲にいる芸人はみんな10歳以上年上。若いから可愛がられただけだった。

当時やっていたのが、爪楊枝を踏んづけて「楊枝虐待」と叫ぶネタ（今だったらアウトだろう）。これはバカリズムさんがやっていた重量挙げのバーベルを油で揚げる「重量揚げ」というショートコントをアレンジしたものだ。

中学生のときからの悪習で、先輩のネタをパクるクセもなかなか抜けなかった。だが、若いからということであいまいにされてしまった。さらに、それを微妙にアレンジして自分のものにしてしまう器用さもあった。そうやって笑いを取ってきたことを実力だと勘違いしてたし、化けの皮が剥がれるのは時間の問題だった。

だが、お笑いの大きな壁にぶつかる前に、すぐに舵を切る。そういう目端だけはきく。活路を見出したのは、若くて元気な三枚目というポジション。ドラマや映画ではそういう役どころは欠かせないが、当時はみんな主役になりたがったからか、意外とそのポジションが空いていたのだ。今のようにアイドルや芸人が簡単にドラマに出る時代でもなかったから、オーディションを受けにいったら面白いように受かった。

19歳のときにM2カンパニーが天下のホリプロと合併してホリプロコムという名前になってからは、さらに仕事が増えた。おかげでCMなども決まり、調子が良い時は月に給料を100万くらいもらっていた。

芸人の先輩たちと遊ぶのは楽しかった。みんな若くて、売れたくてもがいていた時期だったから、誰もが尖っていた。血気盛んな先輩と飲みに行くのは刺激的だった。

遊びは芸の肥やしというが、確かに先輩たちはよく遊んだ。そうなると自然と女性と出会う機会も増えていく。自分で言うのも恥ずかしいが、モテなくはなかった。この世界にはイケメンはいくらでもいるが、心を許して安心して付き合える相手だったんだろう。

思ったより早く食えるようになって天狗

高校を卒業後、1浪して大学に入る。亜細亜大学には一芸入試という枠があり、そこで一発ギャグをやったら見事に受かった。だが、すぐに行かなくなってしまう。その頃にはテレビにも呼ばれるようになり、芸能界は大学生活なんかよりよっぽど刺激的だったからだ。

言葉をいじったダジャレはベタなネタだが、それを前面に押し出した芸は誰もやっていなかった。いつか誰かがついてくるかもしれない、早めにやっておかなければと必死にネタを作り出していたが、あれから20年経った今も、誰も後ろをついてこない。やがて「すえたかと〜む♪」のブリッジがハマって、露出がふえていく。

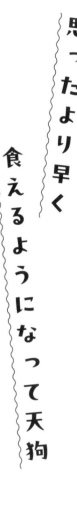

当時は、芸能人らしさを満喫していた。住んでいたのは芝浦だったし、『ライオン先生』というドラマでご一緒した竹中直人さんに憧れて、コム・デ・ギャルソンで上下を揃えていた。店に行くと「今日もトム de ギャルソンですね」とおだてられていい気になっていた。芸人仲間や先輩からも〝調子に乗ってる〟と言われていたようだった。

だが、仕事は上向きだった。ネタ番組に定期的に呼ばれるようになり、2005年秋には情報番組『ラジかる‼』の天カメというコーナーのオファーが来た。遠くから超望遠カメラで抜く映像が話題になったコーナーである。それに自分を使いたいという直々の指名だった。

しかし、タイミングが悪かった。ゴールデンタイムのドラマ出演がその2時間前に決まっていたのだ。大ヒットを記録した小説『野ブタ。をプロデュース』がドラマ化されるということで、ディスティニーというお笑いコンビの役を演じるのは自分しかいないと思っていた。

ドラマ出演が決定した2時間後に『ラジかる‼』の総合演出の方からオファーがき

た。売れっ子といえば響きはいいが、これには頭を抱えた。どちらも魅力的な仕事だが、最初に快諾してしまったドラマを今さら天秤にかけるわけにはいかない。

その時の悔しがり方を見かねたのだろう。「ドラマの撮影期間だけ代打を立てるから、その後に戻ってきてくれたらいいよ」と仏様のようなことを言ってくれたから驚いた。

「ありがとうございます」と、涙を流さんばかりに頭を下げて、「3ヶ月後を楽しみにしてください」と大見得を切った。そして代打を引き受けてくれた、ザ・たっちの二人には心から感謝をした。

芸人らしさを追求しすぎて借金まみれに

3ヶ月限定のはずだった。だが、ザ・たっちはこの番組のコーナで大ブレイク。「ちょっと、ちょっとちょっと」のフレーズはお茶の間を駆け巡った。その様子はドラマを撮影しながらもわかっていた。日に日に上がっていく視聴率とザ・たっちの人気。本当は俺があそこにいるはずだったんだ……という思いはあったが、3ヶ月後には戻れるという約束が心の支えになっていた。

だが、3ヶ月後に居場所はなかった。ザ・たっちと番組の人気に火がついたところで、彼らをおろすわけがない。視聴者は納得しないし、それ以上に制作側だって交代させる理由がない。その道理はよくわかる。ドラマを優先したという負い目もあったから強くは言えない。

ここでも神様がいた。私のためにコーナーを作ってくれるというのだ。芸能界の記者会見にお邪魔して、携帯電話のテレビ電話機能を使って中継する「やじうまトム」というコーナーを任されることになる。しかし、そのコーナーもあっという間に打ち切りになってしまう。自分の不運を呪うしかなかった。同時に、借金は雪だるまのように膨らんでいた。

当時の代表作は、5台つなげた炊飯器を取り出し「ゴレンジャー（5連ジャー）」。小道具をたくさん使ったダジャレをやっていたのだが、営業の際は運送会社との戦いで、距離が離れている場所だと運送が間に合わないので、2組の道具を用意していた。お金はかかるし、それを回収できる見込みはない。だが、それこそが芸人だと思っていた。

23歳で『ラジかる!!』をクビになって、気づけばレギュラーも全てなくなり、当時付き合っていた彼女にも振られて、気がつけば借金だけが残った。唯一始まったラジオのレギュラーでは、利子を返すのがやっと。俳優に専念しようと芸人を休んだこともあったが、やはり自分の軸足はお笑いにおいておきたいと思った。人を笑わせることが何よりも好きだからだ。

周りが新社会人としてスタートしているのを横目に、自分だけが真っ暗闇にいるようだった。品川庄司の品川さんに「そんなに困ってるなら、運転手やらないか」と誘われたこともある。これは品川さんがブログに書いてしまったことで、事務所にバレて怒られ頓挫した。何をやってもダメだった25歳。借金はさらに重なり、ついに債務整理を行うことになった。

落語会は新鮮だった

バナナマンに、スピードワゴン、当時の事務所にはその後のお笑い界を牽引していくスターがたくさんいた。自分もいつかあの人たちみたいにキラキラしたところへ行きたいと思っていた。

お笑いとは突き詰めれば、どれだけ人を笑わせるか。新しい笑いを常に追い求め、多くの人を笑わせている先輩たちは、とにかくカッコよかった。だから古典芸能になんて一切興味はなかった。

事務所の社長に「お前は話芸が足りないから」と三遊亭歌之介（現、圓歌）師匠の「B型人間」と、初代林家三平師匠の「源平盛衰記」のCDを渡されたときは、内心で舌を出したものだ。

しかし、初めて聴いた落語は、いや、面白かった。「B型人間」は人間たちを題材にした漫談で引き込まれた。三平師匠は毎回ギャグを言った後にフォローフレーズを言うのだが、その秒数を計ってしまうほど夢中になった。自分の芸風にマッチしたといえばいいのか、レコードだったら擦り切れるほど聴いたのは覚えている。「落語って、面白いんだな……」それは発見だった。

落語界の雰囲気も好きだった。お笑い芸人として何度か呼ばれた『笑点Jr.』（BSなどで放送されていた若手主体の番組）の打ち上げも、お笑い芸人の打ち上げとは雰囲気が違って楽しかった。収録がある横浜にぎわい座までは小道具とともに車で行くのだが、収録を終えたら都内の自宅に戻り小道具と車をおいて、打ち上げに参加するため、電車でにぎわい座近くの「養老乃瀧」に戻ったこともあった。

せっかくだったら、落語を生で観たい。事務所が同じだった三平師匠のご子息、いっ平さん（現、三平）にダジャレを考えては5000円貰うバイトをしていた縁があった。そのいっ平さんが、当時『笑点Jr.』でも一緒だった、林家きくおさん（現、木久蔵）と、真打昇進直前でネタを増やすために定期的に行っていたプリンスの会という二人会にお邪魔することにした。

「いっ平さん、きくおさん、落語なんてできるんすかぁ？」なんて言いながら観に行ったが、やはりそこはプロだった。高座に上がると、顔つきも変わったように思える。ステージの上で着物姿で真剣に落語をやる二人の姿は新鮮だった。

終演後、気心知れた二人に楽屋に挨拶に行くと、おかしいな……楽屋に緊張感が走っていた。

衝撃だったお蕎麦代

そこには当日出演していなかった、春風亭小朝師匠が目の前にいたのだ。プリンスの会の監修をしているそうで、慌てて挨拶をすることになった。

「あぁ、末高斗夢さん。知ってますよ。ラジかる!!に出たり、R-1にも出てたね」

知っていただき光栄だと思った。小朝師匠の背は高くないのだが、とにかく雰囲気があった。落語家というより、格闘家のような目をしている。

そこから打ち上げまでご一緒させていただき、ご馳走になったあと、小朝師匠は帰り際の僕に、「はいコレ」と小さな封筒を手渡してくれた。そこには「お蕎麦代」と書いてある。うわスゲ～! なんだか、こういう小さな所作が落語っぽいな。そう感動したのも束の間、皆と別れてすぐに袋の中を見てさらに驚いた。

なんと3万円が入っていたのだ！　当時、レギュラーがほとんどなくなり、借金だけが残り、バイト生活に戻っていた自分にしたら、驚くほどの大金である。蕎麦って、どんな蕎麦を食べたらいいのか。富士そばを食べたら、あとは1週間は暮らせるな。というか、小朝師匠はいつも一体いくらの蕎麦を食べてるんだよ……。なんて、当時の自分は思ったものだ。

その小さい封筒を〝ポチ袋〟と呼ぶことも、お小遣いをポンと渡すのは無粋だから「お蕎麦でも」という粋な計らいだということも、生活が苦しい若手には多めに渡すということも、落語界ではよくあることだということも、まったく知らなかった。その日は心の中でガッツポーズをしながら、富士そばに駆け込んだことを覚えている。

それから、毎回プリンスの会に通い始めるようになる。落語よりも、お蕎麦が目当てだった。当時つけていた家計簿には、この頃の記録が残っている。収入の項目には「ラジオギャラ◯◯円」「バイト◯◯円」とならんで「小朝3万円」と書いてある。落語会に行く数ヶ月前から蕎麦代を当てにして書き込んでいたのだから、クズぶりがわかってもらえるだろうか。だが、何度も落語会に通っているうちに興味が湧いてきたのも事実だ。

「あなたそんなに落語に興味があるんなら、やりたかったら言いなさいね」

小朝師匠に言われた時は、まさかお蕎麦代目当てなんでとは言えなかったから、「あ、やりたいです！」と適当な返事でお茶を濁した。ただ、落語ができたら芸の幅が広がるだろうなとは思った。それくらい簡単に考えていた。

芸能界の父が勧めてくれた落語

芸能界でお世話になった人は数え切れない。中でも、最初の事務所の社長には本当にお世話になった。不義理もしてしまったし、何度も怒られたけど、とても可愛がられたと思う。

16歳で所属してすぐに受けたＣＭのオーディションに合格し30万の仕事をもらい、よくやったと頭をなでられたこと。17歳の時に社長が中野で女の子と歩いているのを見つけて、事務所の芸人に言いふらしたら、一年間まともに口を聞いてもらえなかったこと。20歳の時に「すえたかと〜む♪のブリッジは良くないから変えろ！」と言われ続けたが、『ものまね王座決定戦』で出演者全員が「すえたかと〜む♪」とやってくれて、番組の主役のように扱われたその瞬間、社長が「すえたかと〜むは最高だな！」と手の平をきれいに返したこと……。

仕事が減っていた頃に野球選手の祝賀会に参加している様子が雑誌に載り、「調子に乗れる立場か！」と怒られたこと。落語家になることを報告した喫茶店で大泣きしたこと。社長のことは今でも芸能界の親父だと思っている。

その社長から「一緒に落語を観に行かないか？」と誘われた。どうやら立川志の輔師匠の独演会チケットをもらったらしく、落語に興味を持っていた私を誘ってくれたようだ。

「そのかわりさ……」と社長は言う。こういう時はろくなことがない。この日は、「こないだお前が連絡先を交換したキャバクラのおねーちゃんと合コンをセッティングしてくれよ」と言われた。もちろん冗談なのだが、なんともスケベな言い方であった。

さて、社長の好意で観に行かせてもらった落語会。これがすごかった。申し訳ないが、当時二ツ目だったたいっ平さん、きくおさんとは全く違った。圧巻だった。何もかもが凄かった。中でも「紺屋高尾」という有名な演目には心が震えた。

最高位の花魁《おいらん》といえば当時のスターのようなもの。その花魁に身分違いの恋をした男の純情話なのだが、当時好きだった子と噺の中の花魁が重なってしまい、不覚にも感動してしまった。自分はもっともっと仕事を頑張って、もう一度彼女に振り向いてもらいたい、そう思った。

その時に気がついた。落語というのは〝時間を超越するエンタメ〟なんだということに。笑って泣かせて、人の感情を揺さぶる。時代を超えて人を感動させることができる。

「あぁ、落語に挑戦したい」心からそう思った。小朝師匠にその気持ちを伝えに行くことにした。

2章 落語家としてのスタート

春風亭小朝師匠に弟子入り志願

2010年1月。26歳になった僕は仙台にいた。仕事ではない。向かった先は春風亭小朝師匠の独演会だ。その日仙台で行われる会は昼夜2回公演と知っていたため、昼と夜の休憩時間なら確実に楽屋で会えると踏んでいた。

それともう一つ、地方の独演会なら他の落語家や関係者もいないから、話しやすいというメリットもある。芸の幅を広げるために、落語をならう。そう決めて師匠に直談判に来たというわけだ。

何度も「落語を教えてください」というセリフを繰り返す。ウチの師匠、好楽には言えないが、あれこそが最初の弟子入り志願の日だった気がする。

昼公演終わりの小朝師匠は楽屋にいらっしゃるようだった。スタッフさんに声をかけて楽屋へ挨拶に伺う。

小朝師匠の驚いた顔を見て、とっさに嘘をついてしまった。

「実は仙台で仕事がありまして、寄らせていただきました」

僕はいつも小朝師匠の前だと、何故だかしょうもない嘘をついてしまう……。

その昔、小朝師匠に報告したいことがあり、大宮で行われる師匠の独演会の開演前に行こうとしたときは、前日飲みすぎてまさかの寝坊。あわてて、大宮までの新幹線に飛び乗ったら目の前に師匠がいた。

「今日はどうしたの？　仕事？」

小朝師匠に会うために来たと言えばいいのに、咄嗟に「高崎で落語会がありまして」と言ってしまった。自分のついた嘘のために、小朝師匠と別れたあとも高崎まで揺られ、だるま弁当を食べて帰ってきたこともあった。

——話を戻す。仙台のホールの楽屋で、僕は師匠と向かい合っていた。

「仙台にわざわざ挨拶に来てくれてどうしたの？」

「師匠。僕は、ら、ら、落語をやってみたいんです」

女の子に告白するよりも緊張した。しばらく黙り込む小朝師匠。もしかしたら、落語もだけど、お蕎麦代目当てだったことがバレていたか？　短くない時間が流れた。

「うーん、何があなたに合うかな？　わかりました。考えときますから！」

――その日の小朝師匠のブログにはこう書いてあった。
仙台で独演会やってたら末高斗夢さんが遊びにきてくれた
御存知ですよね、ダジャレを言う度に、「末高と〜む♪」って言う人
なんんか、秋にやる公演で落語にチャレンジしたいんだって
ダジャレコレクションとは別に、自分の世界を広げたいみたい
せっかく来てくれたんだから、斗夢さんにも成功してもらわなくちゃ
なんか、ネタ考えたげよ

とりあえず、目標は達成した。弟子入りとはちょっと違うが、本物の落語家に、落語を教われることになった。その喜びを噛み締めながら帰京する。

すぐに投げ出した理由は面倒だから

2010年春、僕は国立演芸場にいた。稽古をつけるからと、小朝師匠の事務所から呼び出されたのだ。演芸場の稽古場で、小朝師匠から出された課題の演目を、小朝師匠の弟弟子にあたる、いなせ家半七師匠に教えていただくことになっていた。さすがは国立の演芸場である。地下にある稽古場はそこそこ大きなスペースで、僕と師匠の二人しかいなかったから寒々としていた。

与えられた演目は「一文笛」。人芸国宝、三代目桂米朝師匠が作ったスリを主人公にした人情噺だ。昭和以降に作られた噺だが、多くの落語家に愛されて、古典名作のような扱いを受けている数少ない作品でもあるという。

畳の上に座布団を敷いて正座する。「落語を教わるほうが座布団を敷いてはいけない」というルールもあるらしいが、この時は何も言われなかった。1対1で、目の前には半七師匠。こんな近くで落語家と対峙するのは初めての経験だった。師匠は着流しで、「さあ始めようか」と言った。

昔は落語を教わる時は、耳だけで覚えたらしい。今でもそういうスタイルの厳しい師匠もいるらしいが、音源を録音することも一般的になっている。

落語は三遍稽古で学ぶと言われる。三遍稽古とは、まず師匠の落語を一席聴く。教わる方はその場ですぐに真似をする。もちろん、そのままできるわけはないが、あらすじを覚えてそれをなぞる。それを聴いた師匠は、話のキモや会話の緩急、大事な演出を解説したのち、ふたたび落語をやる。それをもう一度繰り返すのがいいとされている。

落語で録音があまり推奨されないのは、音を真似すると、完全なコピーになってしまうからだという。音源をたくさん聴き込んで学んだ落語は、声の高低や息継ぎの間まで同じになるとか。

この日は動画を撮っていいと言われた。落語家として食っていくつもりがない（と思われていた）僕に対して、自分のやり方で覚えていいからという気遣いだったのだろう。

「一文笛」は20分くらいの噺だ。目の前で演じていただく落語に圧倒されながら、これは難しい噺だなと思った。

家に帰ってから動画を見返し、半七師匠の真似をする。何度か練習をしたが、すぐに投げ出す。噺を覚えることがこれほど大変だとは思っていなかった。

あれだけ頭を下げて教えてもらった落語だった。それなのに、落語とは心の中で距離ができてしまい、気がつけば小朝師匠を避けるようになっていた。仕事先で小朝師匠にばったり合いそうな時、シュッと忍者のような隠れ方をしたことは忘れられない。このまま一生、小朝師匠を避けて生きていくのか……。そう思っていたのだが、歴史に残る天災をキッカケに落語とふたたび向かい合うことになった。

震災をきっかけに落語に再び向き合う

2011年3月11日。東日本大震災が起こった。全てのエンターテインメントはその出口を閉ざされた。お笑い芸人とは人間が生きていく中で最後に必要とされる職業なのだと感じた。

それまではレギュラーがほとんどなくなっても、営業とバイトでなんとか食いつないでいたが、震災後は営業が次々となくなり、たまりにたまった借金も月々の利子の支払いすら厳しくなった。

——震災から2ヶ月、大きな被害を受けた気仙沼にボランティアでネタをやりにいかないかという話がマギー審司さんからあり、参加することに。気仙沼の人を笑顔にしたくて、意気揚々とたくさんの小道具を持参した。

「お玉と下駄でおったまげたー」

「炊飯器5個つなげて5連ジャー」

みるみるうちに変な空気になるのがわかった。優しい気仙沼の人たちはせっかく来てくれた僕の芸がスベってるだなんて、おくびにも出そうとはしない。だが笑顔もない。僕がさらに張り切ると、さらに変な空気になっていくという悪循環だった。こんなにスベる経験はなかなかできるものではない。

そんな中、客席にいた男の子が不意に立ち上がった。あとから聞いたら中学2年生らしい。きっと勇気を思い切り振り絞ったのだろう。そして叫んだ。

「頑張れー！」

すると、客席は大爆笑の渦に包まれた。男の子の勇気に応えるかのように、他の客席からも「がんばれー！」「負けるなー！」「ガンバレ！ガンバレ！」という声が上がった。僕は泣きそうになった。芸人としてこんな情けない姿を晒して普通の神経ではいられない。

「いやいや、ちょっと待ってください。励ましにきた僕を励まさないでください！」

と言ったら、さらに爆笑が起こる。最後まで気仙沼の人たちは優しかった。みんなを笑顔にできたのは本当に嬉しかった。

だが、自分には「本物の芸がない」ことを教えられたようで、静かに傷ついていた。バラエティ番組を見ない人、自分を知らない人の前で、自分は果たして笑いを取れるのだろうか。どんな時でも人を笑顔にできるのが芸人だとしたら、自分はきっと失格なんだろう。

帰り道、車のハンドルを握りながら考えた。そうだ落語だ、やっぱり話芸だ。帰京するや否や、押し入れにしまってあったＤＶＤを取り出し、「一文笛」にもう一度取り掛かる。今度は数日で覚えられた。

しばらくして、スピードワゴン井戸田さんが主催する会で落語を披露した。その様子をＤＶＤに収め、小朝師匠に会いにいくことにした。あの日から1年以上が経っていた。

想定外のピンクを紹介される

小朝師匠の元におしかけて、ＤＶＤを渡すことに成功。「以前、教えていただいた落語を覚えましたので」と口添えして手渡す。小朝師匠はニヤリと笑う。

「そうですか。ずいぶんかかりましたね」

ＤＶＤを渡して、１週間後、もう一度押しかけた。僕の落語はどうでしたか。ストレートにそう聞くと、今度は表情を変えずに、「うん、覚えてましたね」と言った。

そうか、芸以前ということか……。

「で、これからどうするの？　落語は」と小朝師匠は言う。

「続けていきたいです」とは言ったが、「もっと噺を覚えたいです」という意味だった。

だが、小朝師匠の次の言葉は想定外だった。

「今レギュラーが1本だっけ……。じゃあもう落語家になれば？」

僕の頭は急激に回転を始めた。落語家になる!?　え、落語家!!　それもありかも。そうか、落語の世界に心機一転飛び込むのもいいかもしれない。そしてこれは小朝師匠のスカウトと考えていいのだろうか。

そう思った瞬間、小朝師匠は顔の前で手を横に振りながら言った。

「いやいや。うちじゃあなたは無理だと思う。狭い世界だしね、うちの一門は芸には厳しいから」そして、「うんそうだ、兄さんがいいな」とつぶやいた後、「好楽兄さんを紹介しますね」と言った。

三遊亭好楽師匠と春風亭小朝師匠の関係性はまったく知らなかった。もともと同じ落語協会に属していたが、小朝師匠が36人抜きの大抜擢で真打になった際、ウチの師匠も当たり前のように抜かれたそうだ。

だが、他の兄弟子たちが誰もパーティーに参加しなかったのに、ウチの師匠だけは知らぬ顔で参加したという。そして「抜かれちゃったね。お仕事ちょうだい、アハハ」と笑いを取ったらしい。それ以来、ずっと深い信頼関係で結ばれていると知るのはずっとあとのことだ。

僕はその時、正直に言えば肩を落としたと思う。もしかしたら、心の声が漏れていたかもしれない。（ピンクの微妙な人……？）

実は以前に師匠とテレビで共演したことがあった。スタジオに座ったピンクのおじさんは、笑点と同じようにつまらないことを言っては「アハハ」と笑ってごまかしていた。日曜の夕方にテレビで見るそのままだなと思ったことを覚えている。……その師匠の元に弟子入りか。

そういや、誰かの結婚式で隣に座っていた映画プロデューサーの三浦寛二さんに「声が落語家に向いてる」と言われたことがある。２００６年ごろには手相の勉強を始めた島田秀平さんに、「２０１１年に職業が変わるから、今から勉強しておいたほうがいい」なんて言われたことを思い出す。

もしかしたら、今日ここで自分の人生は大きく変わるのかもしれないと、ぼんやりと思った。

小朝師匠から好楽師匠のもとへ

小朝師匠はすぐに好楽師匠に電話をしてくれたらしい。

「末高斗夢って知ってるかい？」

過去に共演もしたというのに、覚えてなかったらしい。だが、兄弟子の鯛好兄さんが僕のことを知っていた。この兄さんは40歳で入門した変わり者。1日12時間ラジオを聴いていて、気になる全ての番組を録音しているから、倍速で聴かないと追いつかない。いつも苦しそうな顔をしてラジオを聴いている。

僕が入門するはるか前に文化放送でレギュラーをやっていた頃、どこかで偶然見かけたらしく、「末高斗夢」と書かれたサインを持っているらしい。

兄さんの説明を聞いていた師匠とおかみさんだが、おかみさんが難色を示した。

「芸能界で活躍してきた子なんて引き受けられないでしょう。あんたには荷が重い」

小朝師匠に紹介してもらう約束をしたが、好楽師匠と直接やり取りをしたわけではない。とりあえず、挨拶を兼ねて、五代目圓楽一門の定席であるお江戸両国亭の寄席に行くことにした。その日のトリは『笑点Jr.』でも一緒だった愛楽師匠だ。

受付でお金を払おうとすると、後に兄弟子となる三遊亭好吉（現、好一郎）兄さんが「す、末高斗夢が本当に来た！」と大きな声を出した。なんだか嫌な予感がした。

休憩中に楽屋の愛楽師匠にご挨拶にお邪魔すると、開口一番こう言われた。

「好楽師匠に入門するんだって？」

僕は軽くパニックになった。小朝師匠に挨拶に行ったのが2日前のこと。どうしようかなと逡巡しているうちに、なぜか好楽師匠の弟弟子にあたる愛楽師匠にまで知れ渡っているのだ。

……なぜだ。動揺のあまり、そのあとは落語を聞くどころではなかった。

今となれば納得ができる、そりゃあそうだ。我が一門は毎日が飲み会なのだから。

朝から飲む日もあれば、寄席の終わりに飲みに行くこともある。師匠の自宅には、親しい人からもらった酒がたくさんある。飲んでも、飲んでも、なくならない。酒を飲むと口が軽くなるから、情報はすぐに漏洩してしまう。好楽師匠の近くにいる限り、話が広まっていくのは当たり前だったのだ。

だが、当の本人である僕は、どうしようか、まだ決めかねていた。

酒が飲めるだけで入門決定

2011年7月中旬。僕は小朝師匠のマネージャーさんと、新宿のタカノフルーツパーラーで向かい合っている。

「真剣に考えてくださいね」

要は小朝師匠の紹介を受けるのなら、落語家として生きていく決断をすることになる。それでお前は本当にいいのか？　と問われているのだ。落語に人生を賭ける覚悟は決まっているのか、ということだ。

「あなたの人生が変わってしまいますし、キャリアも一からやり直しですよ」

そう言われてしまうと、さすがに迷いたくもなる。もし本気なら7月31日に浅草演芸ホールで好楽師匠が出演されるので、その時に挨拶してくださいと、6枚組ＣＤを渡された。好楽師匠の落語全集だ。（「CDは買った」と言いましたが、本当はこの時貰ったんです、師匠すみません）。家に帰って聞いていたら、気づかぬうちに寝てしまった。

――当日、浅草演芸ホールへ挨拶に向かった。昼席の仲トリが好楽師匠だった。CDを聴いていたので話し方を知っている分、なんだか声がガサガサなのが気になった。「風邪をひいている」と言っていたが、体調管理もできないのかと不安になる。

そして、今ならわかる。おそらく、前夜に飲み過ぎたのだ。それでなくても、ぐずぐずの落語が何を言ってるのかさっぱりわからない。この人が師匠になるかもしれない。とりあえず、楽屋にお邪魔して簡単なご挨拶をして、連絡先を交換。3日後にホテルの喫茶店で改めて会うことになった。

――待ち合わせ場所は水天宮のロイヤルパークホテル1階にある喫茶店だった。夏だったので師匠は私服のポロシャツで現れた。どこからどう見ても普通のおじさんである。誰かにアドバイスされた通り、バイトの面接で使うような履歴書を持っていった。それをちらっと見るとすぐにコチラを見た。さあ、来るぞ。今から自分は試されるのだ。

「お酒飲める？」

「へ？」

面食らうとはこのことか。「え、はい」なんて生返事をしながら、とりあえずは生ビールですかね、と答えると、すぐに「焼酎は？」「日本酒は？」「ワインは？」「ウイスキーは？」と次々に聞いてくる。自分も嫌いな方ではないから、即座に「はい、飲めます」「はい、飲めます」……と答え続けた。

「うん、じゃあ入門！　アハハハハ！　早いか」

「いやいや。まだ席に座って数分しか経ってないじゃないですか。事務所のことも含めていろいろと悩んでいて、実はそれも相談したいんです」

「わかったよ。じゃあさ、答えが決まったら連絡ちょうだい。そうだ、ここのケーキ美味しいよ。アハハハハ」

笑いながら、師匠は去っていった。レシートをつかんで去っていく後ろ姿も、やはり普通のおじさんにしか見えなかった。

断りの電話をするも話を聞かない師匠

2011年8月5日。僕は同期の高橋くん（芸名できたくん）の家にいた。高橋くんは元々同じ事務所に所属していて、僕がダジャレで使う小道具を作ってくれていたからずっと仲良くしてもらっていた。ちなみに、現在は落語芸術協会に所属して、寄席にも出ている。

――僕はあの日からずっと悩んでいた。落語家になんて果たしてなれるのだろうか？　お笑いと落語の二刀流、なんて甘く考えていたが、上手くいくはずはない。大谷選手もいない当時、二刀流なんて漫画の中だけの世界だったから。

〝迷ったら困難な道を選ぶといい〟という金言がある。だが、お笑いをこのまま続けるのか、あるいは落語家として一から修行をし直すか、どちらが苦しいのかさえわからなくなっていた。芸人としてやってきたプライドもある。せっかく新しい世界に飛び込んだのに、「あいつは逃げだした」と言われるのは許せなかった。

その当時、僕は周りの目ばかり気にしていた気がする。芸人より役者のほうがモテそうだと転身宣言をしたのもそうだし、それも続かず1年で芸人に戻ったのも、自分が評価をされないことが嫌だったからだ。どんどん周りの信用を失っていた僕にとって、落語に飛び込んで続かないときのほうが、明らかにリスクが大きいと思った。「ほらやっぱりね」と周りが陰口を言う姿が想像できたからだ。

よし決めた。高橋くん、断るよ。明日はたしか好楽師匠の誕生日で、その日に断るのは申し訳ないから今から言おう。気のいい高橋くんは僕の電話の練習台になってくれた。

「好楽師匠、大変申し訳ありません。やはり、お笑いと落語二足の草鞋は難しいと思うんですよね。だから、入門するのはやめておきます。本当にすみません」

何度も何度も練習して、震える指で好楽師匠の番号を呼び出す。すぐにつながった。

「あ、とむくん！　どうしたの？」

いきなり申し訳ありません、と先ほどの練習の通り、機械的に喋る。高橋くんは心配そうに見守っている。

「やはりお笑いと、ええと、落語、二足の草鞋は難しいと思うんです……」

次の言葉に一瞬詰まった、その瞬間だった。

「うん！　その気持ちがあったら大丈夫だから。実はね、明日はワタシの誕生日だから。その日に入門ってことにするから。おめでとう！　アハハハハ」

電話を握り固まっていた体から、なぜか力が抜けるのがわかった。なぜだろう、僕はその時、すんなりと、「よろしくお願い致します」と言っていた。

電話を切ると高橋くんはいつもの甲高い声で、「断るんじゃなかったのかよ」と笑っている。今思えば、マリッジブルーではないけれど、誰かに背中を強く押してもらいたかったのかもしれない。だが、まさか師匠に背中を押されるとは思ってもいなかった。あの日のあの電話が、僕の人生のターニングポイントになったのは間違いない。

師匠の笑い声は耳に心地よく残っていた。

プライドがズタズタ前座修行でボロボロ

こうして僕は落語家になった。与えられた高座名は「三遊亭こうもり」。2011年9月1日に、両国寄席で初めて楽屋入りをする。まだ「よせ」を「寄席」と書かなければならないのを知らないくらい、何も知らずに飛び込んだ落語の世界。そこは僕にとっては刑務所のようなものだった。

まず、朝が早い。上の言うことは絶対。そして習うことが多い。これまでのキャリアは何の役にも立たない。テレビやラジオなどでレギュラーを持っていた僕のちっぽけなプライドがズタズタになるまで時間はかからなかった。

まず最初に覚えるのが、お茶出し、着物の着付け、畳み、太鼓、CDの音出し、掃除、チラシ配り、受付、落語のダメ出し、打ち上げでの気配り、酒作り、配膳、楽屋から出る時は兄弟子に確認を取ること……。

お笑いから来たという話はあっという間に広まった。テレビでそこそこ活躍していたという評判が先だったばかりに、わざと落語の世界観を持ち出してかましてくる人、噂を大きくする人、テレビ界の嫌味を言ってくる人など、いろんな人がいた。

何よりびっくりしたのは、〝兄弟子がボケても前座はツッコんではいけない〟という暗黙のルールだ。前座が目立って笑いを取ることは許されない。この世界には明確なヒエラルキーがあって、お笑いとは違うルールが優先される。今までいた場所がどれだけ自由でキラキラしていたかを再確認する日々が続いた。

そんなわけで、1ヶ月後には既に心は折れかかっていた。唯一の救い、師匠好楽はいつも優しかった。

「誰に何を言われても、とむにしかできない落語を考えなさい。高座では立ってやってもいい。それで誰かに怒られたら、アタシがやれと言ったと言いなさい」

この言葉にどれだけ救われたことか。ただ、生まれた時から甘やかされて、いい加減に生きてきた僕には落語の前座修行はつらすぎた。修行2ヶ月目の11月1日、ついに寄席を休んでしまった。

――その日は、目覚ましが鳴ってもどうしても起きられなかった。布団の中でずっとくるまり、小さくなっていた。寄席に行きたくない。27歳にして登校拒否のような状態になるとは思わなかった。頭では行かなくてはと思う。ただ、どうしても体が動かない。無断欠席するのはさすがに気が引けたので、電話をする。仮病を使ったが、おそらくバレていたのだろう。

――翌日、朝イチで師匠に呼び出される。師匠は僕の精神状態を見抜いていたのだ。違う業界から飛び込んだ前座修行がどれだけつらいかもわかっていた。

「いいかい、決めたスケジュールはちゃんと守ること。そしてコソコソしないこと」

最初から最後まで優しい口調だった。僕が参っていたことをわかっているから怒らない。泣きそうになったし、師匠の優しさが身に沁みて目眩《めまい》がした。その頃、所属していた事務所とも揉めていた。そりゃあそうだ。その時にあった仕事を急に放り出して、落語家になると言って勝手に修行を始めたのだから。これまで育ててもらった恩はどこにいったんだという話だ。

今思えば、先輩や社長も、たくさんの愛情をもって僕を見守っていてくれたことがわかる。でも当時は、自分の新しい挑戦を邪魔されている、くらいに思ってやさぐれていた。一緒に暮らしていた祖母の面倒にもほとほと疲れ果てていた。

落語を覚えるのはとても楽しい。師匠も優しい。だが、それに付随する「修行」というシステムが、自分を追い込んでいく。

修行はつらいに決まっているのだが、甘ちゃんの自分には耐えられそうもない。芸人としての限界を感じて飛び込んだ落語の世界でもすぐに落ちこぼれる。これが本当の落伍者《らくごしゃ》だ。いや、くだらないダジャレなんか考えている場合じゃない。このまま死んじゃおうかな……。そんなことを思うほど、追い込まれていた。

――11月25日。この日は朝から気分が落ち込んでいた。師匠の家に行き、今の思いを全て話した。「もう辞めたいです。自分の選択は間違いだったかもしれません」と。

すると師匠は寂しそうに笑った。

「辞めてもいいよ。仕方ない。それはお前の決断だからさ。でもね、こうやって縁あって出会えて、お前の師匠になれたんだから、今後どんな仕事についたって師匠はずっと師匠だから。なんでも相談しにきなさい」

この言葉を聞いた瞬間、胸がいっぱいになってはちきれそうだった。自分の勝手で押しかけて、自分がいたらないばかりに修行ですぐに音を上げ、ズル休みした挙句に、つらいから辞めたいという。どこからどう見たって最低の弟子に対して、師匠はどこまでも優しい。

きっと、今までもこういう経験をたくさんしてきたのだろう。たくさんの弟子を見守ってきたからこそ、心の底からこういう思いやりに溢れた言葉をかけてくれるのだ。この人の元でもう少しだけ落語を学びたいと思った。もう少しだけ頑張ろう。つらい修行だって耐えてみせる。二度とこんなことを言わせてはならない。

事務所をクビになる

その頃、親友のウエンツ瑛士から怒られたことがあった。最初は親身に話を聞いてくれていたが、僕があまりに愚痴をこぼすからだ。お笑いの先輩たちからも怒られる。いわく「お前は甘い」と。たしかにその通りだと思った。

前座修行はまさに下積みそのもの。ラジオに出ている時間だけが心の拠り所だった。つらい修行から、いつでも逃げ出せる。そう思うことで心のバランスをとっていたのだろうか。

気づけば年が明けていた。楽屋では僕がズル休みをした頃から、居心地はさらに悪くなっていった。年下の兄弟子からは、お茶の受け取り方を間違えて嫌味を言われることもあった。

「(三遊亭)こうもりは修行が嫌で飛んだ(トンだ)」
「お前は本気じゃない、色物と噺家は違う」
「コイツの底の浅さを見抜いちゃいました」

2012年1月2日には寄席の幕を閉めながら、悔しくて情けなくて泣いた。いつでも辞められる、その甘さもきっと見抜かれていたのだ。

そんな中、唯一嬉しかったのはお年玉だ。前座の間は、師匠方兄弟子などいろいろな方から、必ずお年玉を貰える。僕は誰がいくらくれるかをリストにしていたぐらいだ。前座はこのお金を貯めて、二ツ目に上がる時に、紋付袴を買ったりする。ただ、僕はそのお金のほとんどを借金返済に充てていた。そうでなくても使い道なんてないぐらい忙しい。朝から晩まで文字通り走り回っている。

忙し過ぎて時間がわからなくなり、結果1時間早く師匠の家に到着してしまい、師匠のお孫さんから「あわてんぼうの〜♪　すえたかと〜む♪」といじられる始末だ。彼は唯一の僕の味方かもしれない。

1月10日には師匠から許可をもらい、久々にクイズ番組に出た。出演を終えると、師匠のご家族から連絡があった。みんなで観ていたそうで、やはり師匠からいただいた着物で出て正解だった。テレビの反響はすごいと改めて思った。だが、喜びも束の間、事務所から連絡がくる。実はクイズ番組に出ることを事務所に相談していなかったのだ。後日、改めて話し合いをすることになった。やっぱりテレビは反響が大きい。

3月8日に事務所の社長と食事をする。個人的には師匠のところに移籍したような気分だった。だからクイズ番組にも、三遊亭こうもりとして出た。当時の自分はラジオなどの仕事が息抜きだったから、それがないと生きていけないと思っていた。もっと華やかな世界で光を浴びたいと、クイズ番組にも自分で応募した。だが、事務所の考えは違った。前座修行中はあくまで事務所の所属である。だから勝手にテレビに出たのは契約違反。結果的に、事務所に不義理をしてしまったのだ。

昔からお世話になっていた事務所の社長は優しかった。3月いっぱいで事務所との契約解除。事務所が取ってきた仕事であるラジオも降板。春からは三遊亭こうもりとしては自由にしていいが、末高斗夢としてはけじめとして半年間自粛しなさいと。

そう言う社長の声は優しかった。自分が半人前の頃から見守ってきてくれた芸能界の父親の顔は、溢れ出す涙で霞んで見えそうもなかった。最後に社長は笑ってこう言ってくれた。

「お前が真打になったら、うちの若手使ってくれよな」

社長は翌年の落語の会に、忙しい仕事の合間をぬって駆けつけてくれた。この人のために落語を頑張ろうと思う人ができた。

師匠も太鼓が叩けない

久しぶりに小朝師匠に会いに行くと、「いろいろと悪い噂が入っている」と言われる。「太鼓が叩けない、着物が畳めない。その上、辞めそうだって言うじゃない」

小朝師匠にはひたすら頭を下げて、ことの顛末を話した。師匠とのいきさつは黙って聞いてくれたが、「なんで太鼓を叩けないの？」と不思議な顔をされた。天才と言われる人には凡人の苦労というのがわからないのだ。

僕が太鼓を叩けないのは、おそらくリズム感が悪いからだ。落語家は二ツ目になると、自分専用のお囃子で高座に上がることが許される。先輩全てが自分のお囃子を持っているから、前座はそれぞれを覚えないといけないのだが、どうにもうまくいかない。音楽家である母の顔に泥を塗って申し訳ないと思うが、できないものはできない。

太鼓が叩けないと他の師匠たちにも迷惑がかかる。自分を目の敵にする人たちは、それをことさらに言う。自分の不出来はついに師匠の耳にも届いたようだ。

師匠好楽が動いた。

「お前さんが太鼓が下手だっていうからさ……」

弟子の不出来は師匠の不出来ということか。師匠は僕たちの太鼓を見かねて、わざわざ寄席が始まる前に来てくれたのだ。師匠自ら太鼓の稽古をつけてくれる。これほどありがたいことがあるだろうか。

ちなみに、僕によく教えてくれていた鯛好兄さんも太鼓が下手である。兄さんは、最初にたい平師匠の元に弟子入りしようとしたが、35歳以上は入門不可ということで、好楽師匠のところに来たという変わり種だった。好楽一門が落語界のセーフティーネットとして機能するのはいいのだが、太鼓が叩けないことには前座は務まらない。だが、しかし。これまで、兄弟子たちに太鼓を散々馬鹿にされてきたが、今日でうるさいことを言われることもなくなる。なんせ、師匠直々に教えてもらうのだから。

場所はいつもの両国亭である。兄弟子やお囃子のお姉さんも見守る。師匠が真打に昇進したのが1981年だから、実に40年ぶりに太鼓を叩くそうだ。バチを持つ手先はさすがに余裕があるし、色気がある。

……だが、下手だった……。

桂歌丸師匠は自身の本の中でこう言っている。

太鼓を叩くと、ドンと鳴るでしょう。「ド」がバチで叩いた音で、「ン」が間なんです。小さな締め太鼓ならテンと鳴りますが、「テ」が打ったときで、「ン」が間。わたしは今輔師匠から、ドンドンドンドン……という音を「口の中で言いながら太鼓を打ちなさい」と教わりました。言いながら太鼓を打つと、ちゃんと間が取れるんです。そのことを弟子たちにも教えるのですが、文字通り間の悪い人が少なくありません。噺に関してもそう。噺を教えることはできるけれど、間を教えることはできません。

（『座布団一枚！　桂歌丸のわが落語人生』）

ウチの師匠は「これはバチが悪いのかな」と言いながら、ずっと首を捻っていた。弟子たちはそれを静かに見守るしかなかった。

落語のしきたりに首を捻る

その当時は、具合の悪い祖母と二人きりで住んでいたから、前座にも関わらず、介護のためにしょっちゅう中抜けさせてもらっていた。前座としてはあり得ない所業ゆえ、目立っていたことだろう。

前座とは朝から晩まで師匠と一緒にいるのが当たり前。だが、自分はテレビやラジオに出たり、家族の世話をしたりと、師匠の元に来ない日もあった。師匠からは「来れない日は何があったか教えてね」と言われていたから、毎日の電話をかかすことはなかった。太鼓も叩けないし、気働きもできない。だからこそ、高座に関しては何も言わせたくないと思った。中でも力を入れていたのが「マクラ」だ。噺と同じくらいマクラにも力を入れていて、ここで笑わせたらこちらのもんだ、それくらいに思っていた。実際に評判は良かったと思う。

「マクラ」とは、噺に入る前のウォームアップのようなものである。落語は、マクラ・本編・オチで構成されている。高座に上がったら、挨拶や自己紹介、季節や時事ネタなどを織りこみながらお客様の雰囲気をさぐり、そこからネタに入る。客の反応や客層によって演じるネタを決めることもある。

弟弟子でスウェーデン出身の青い目の落語家三遊亭好青年の得意なマクラは「むかし江戸では……」。お前、日本生まれじゃねぇだろうというツッコミ必至の十八番だ。それで客席をあたためて、ネタに入りやすくする。


僕が落語を始めて一番驚いたのがマクラだった。どんなことを話したら喜んでくれるだろうと考えるのはお笑いのネタづくりにも似て楽しかった。そのあとの噺に上手につながるマクラができた時は、この上ない快感でもあった。

だが、すぐに衝撃を受ける。自分のマクラを完全にコピー、いやパクられていることを知ったからだ。さすがに自分が出ている寄席ではやらないから全く気づかなかったのだが、テレビを見ていて腰が抜けた。師匠と呼ばれる人が自分のマクラをそのままやっていたのだ。

誤解があるといけないので言っておくが、落語会でマクラを共有するのは悪いこととされていない。これがお笑いの世界とはまったく違う習慣だから、本当にびっくりした。人のネタをパクることは、お笑いの世界においてこの上ないタブーである。

だが、落語は違う。そもそも「寿限無」だって「時そば」だって誰かが作ったネタだ。だから、人のネタをそのまま拝借することに抵抗がないのだろう。高座でウケたあとに楽屋に戻ると、「さっきのマクラは誰に教わったの？」と言われたことも数知れない。お笑いを教わるという感覚が皆無だったので、カルチャーショックだった。

実際に師匠に噺を習いに行くと、マクラ込みで教わることもある。落語とマクラがセットになって時代を経て生き残った噺もある。だが、自分は人と同じことをしたくないという気持ちが先に立ってしまった。だから人がやっているマクラには絶対に手を出さなかった。

「泥棒に関する小話は持っているかい？」と聞かれた時は、「あぁ、持ってますね」と嘘をついて教わらなかった。それはお笑いから来た自分の小さなプライドだったのかもしれない。

前座は寄席のリトマス試験紙

師匠の元で修行をするようになってからも、その前も、自分がテレビに出ていたことを自慢したことは一度もない。だが、それまでテレビからやってきた弟子なんていなかったから、どう迎えていいのかわからなかったのだろう。みんながおそるおそる様子を見ているのがわかった。

弟子入り前は「黒船がやってくる」とまで言われていたらしい。それくらい他の弟子たちにとっては脅威だったようだ。だがフタを開けたらポンコツで、「黒船じゃなくてシーカヤックじゃねえか」と言われていたとかいないとか。前座としての働きはイマイチだったかも知れないが、高座では負けられないという意地があった。

「斗夢くんが高座で笑いとりまくって、兄弟子が焦ってるって聞いたよ」

ナイツ土屋さんからそう言われた時は、はっきり言ってうれしかった。落語会はしきたりの社会である。相変わらず太鼓は下手だが、高座ではウケていた。悪口を直接言われたこともあるが、妬まれているんだと思っていた。

「高座でウケてもさ、太鼓もできないし、楽屋仕事もできないんじゃ、末高斗夢が落語を習うだけで良かったじゃない」

前座でウケればウケるほど、風当たりはどんどん強くなった。なぜそんなに妬まれるのだろう。みんなの冷たい目を不思議に思っていた。その答えは落語の世界の、これまた暗黙のしきたりにあった。

極論すれば、前座がウケすぎてはいけないということだ。なぜなら、前座というのは、お客様のリトマス試験紙だからだ。前座はその日の客の雰囲気をさぐって、最後にトリを務める師匠が、一番大きい笑いを持っていく。それが一番美しい姿なのだ。だから徐々に盛り上げて行くのが良しとされている。

前座がウケすぎて客が爆笑する。それまで、自分みたいな前座はいなかったのだろう。だから、その後に出てくる兄弟子たちはやりづらかったに違いない。今ならそういう背景もわかる。だが、当時は言い訳にしか思えなかった。笑いが取れないことを他人のせいにするのはダサいとさえ思っていた。前座が盛り上げたら、そのあとがさらに盛り上げればいいじゃないか。あの頃の考えは、今でも変わらない。

厳しいことばかり言われた前座時代、師匠方からかけてもらった優しい言葉は今も忘れられない。師匠の弟弟子にあたる三遊亭五九楽師匠に「寄合酒」という噺を稽古つけていただいた日のこと。終わったあとに、御礼にとラスクの詰め合わせをお渡ししたら、温厚な五九楽師匠が静かに怒っている。

「前座からは貰えないよ」

また、しくじりだ。ただ、師匠はせっかくだからと、ラスクを数枚手に取り「いただくね」と言ってくださった。さらに五千円が入ったポチ袋を渡してくれた。

「差し入れを持ってこなかったなんて文句を言う人からはさ、二度と稽古なんかつけてもらわなくていいからね」

なんだか涙が出そうになった。こういう先輩もいるのだ。

師匠との二人旅は楽しかった

前座修行はつらいことが多かった。数少ない楽しみは、地方で行われる師匠の公演だった。弟子の中から手が空いているものが、師匠の世話係に選ばれる。師弟二人だけの旅はもちろん気を遣うことも多いが、とにかく優しい人だから、師匠の付き人に選ばれるとそれは嬉しかった。

岐阜のホテルで行われた落語会で、洋服を着た好楽師匠が会場に入ろうとすると、係の人から「まだ開場前ですので、外でお待ちください」と止められたときは笑った。たしかに師匠は、ピンクの着物を着てないと、ただのおじさんである。

地方に行けば必ずおいしいものを食べさせてくれた。名古屋の寄席に出た帰りの名古屋駅で「これがうまいんだ、食べてごらん」と教えてくれた、喫茶コンパルのエビフライサンドの味は今でも忘れられない。

福井であった落語会では、お土産にお酒を貰っていた。好楽師匠と鶴光師匠は、帰りの新幹線でさっそく開けて、二人とも自分の分を飲み干してしまったが、まだ足りなかったのか「飲んじゃおう！」と、寝ている木久扇師匠のお酒まで開けていた。

地方公演の帰りは、荷物を持って師匠の家まで送って行く。そこまでが前座の仕事である。だが、家に帰るなりおかみさんに「油揚げは？」と怒鳴られているのを見てしまった。どうやら旅先でおいしい油揚げを買う約束をしていたらしい。油揚げを買い忘れただけで、弟子が目を覆いたくなるほど怒られている師匠。

帰り道、シュンとした師匠の様子を思い出したら、なんだかおかしくなってきた。電車の中で笑いを堪えていたら、気がつけば涙を流していた。修行を始めてからあまり笑っていなかったことに気づく。

2012年4月29日。厄落としも兼ねて、天皇賞の馬券を買ったら600倍の馬券が当たった。100円が6万円になったのだから大きな収入である。

翌日、師匠に天皇賞のこと話したら、「お前はえらい。さすが私の弟子だ」と褒められ、電車賃を貰う。競馬は昔からやってはいたが、師匠が大の競馬好きだから、話のネタとして大きなレースがある時は、馬券を買うようにしていた。それが実を結んだと言える。

僕の当たり馬券に気を良くした師匠は、馬のように鼻息を荒くして僕に迫ってきた。

「競馬が当たったなら、お祝いをしなくちゃ」

なんでもいいから、飲む口実が欲しかっただけである。こういう場合ももちろん、師匠のおごりだ。

向かったのは近所のおでん屋。日本酒を飲んでいい気分になった師匠は、旧知の店主と楽しそうに話している。僕が馬券を当てたことが嬉しかったらしい。

自分が買う馬券は滅多に当たることはなく、あまりに当たらないから新聞の競馬予想の連載をクビになった経歴を持つ師匠。

だが、競馬への深い愛情ゆえ、定期的に競馬番組から声がかかるのは、やはり人徳としか言いようがない。人の当たりをこれだけ喜べる人もそうそういない。

日本酒の一升瓶をいったい何本空けたのだろう。したたかに酔っ払った。その日の記憶はあいまいである。だが、師匠は店の人にたしかにこう言っていた。

「この子は大きな馬券を当てたの。この子が売れなかったら私の責任だよ」

3章

師匠との毎日

おでんを持たされ飛行機に

2012年5月12日。「江戸落語五人男の会」の手伝いで島根にいた。

着付けで木久扇師匠の襦袢と着物を間違えて円楽師匠に怒られた。時間がなく慌てて支度をしていたら、「高座を走るな」と、たい平師匠に怒られる。さらに歌丸師匠の羽織の畳み方も失敗してしまった。

いつもはポチ袋を貰えるのに、この日は自分だけ貰えなかった。当時は生活が苦しかったから、それを貰えないと苦しかった。ポチ袋の中にはだいたい1000円から3000円が入っている。師匠たちの手伝いをすると、手間賃として渡してくれるこのポチ袋が生活費の足しになる。そして、誰からもらったかを師匠に報告する。

ポチ袋に入れる金額も決まりがある。もし誰かが1万円を入れたら、周りが困ってしまう。大事なのは足並みを揃えること。ここは落語界という名の村社会なのだ。

偉そうなことを言わせてもらうなら、噺家は落語という同じ飯のタネを、みんなで分けているから、どんどんライバルが増えていく。それなのに、今のままでいいと思う人がいる。そこに甘い考えがあると思う。当時も今もそれが歯がゆい。

「五人男の会」が終わり、片付けを始める。差し入れで貰ったおでんが余ったので、流しに捨てようとしたら、「何をしているんだ」と師匠に怒られる。せっかくいただいたものを捨てるとは何事だと。そして、東京まで持って帰ると言いだした。

こういう義理堅さは、なんとも言えない魅力だと思う。師匠が地方の人に愛され続ける理由はここにある。だが、持たされる方としてはたまったものではない。食べきれないおでんを鍋に入れ、フタをした状態で移動することになった。

「なんですかこれ?」と手荷物検査で不審がられる。それはそうだ。だが、なんとか手荷物検査を通して、機内におでんを持ったまま入る。離着陸の時は飛行機が傾くから床にも置けない。最初から最後までフライト中はずっと手持ちで、さすがに文句の一つも言いたくなる。だが、師匠は涼しい顔をしている。

「そりゃそうだよ。せっかく貰ったんだからさ」

おでんは20個くらい入っていたし、師匠の家は8人家族だから、きっと夕飯になるのだろう。

空港に着くと、師匠はタクシーに乗り込む。もちろん、おでんを持った僕もその横に座る。

「いやぁ、悪かったね」

家に着くと師匠は頭をかいた。1日の仕事が終わり、手ぶらで自宅の玄関を開けると、おでんの鰹出汁の匂いが懐かしく感じるのであった。

師匠よりも笑いを取って怒られる

6月3日は師匠と札幌へ。帰りの新千歳空港で「おいしい弁当を貰ったから食べなさい」と言われたので、さっそく待合ロビーで食べようとしたら、「お前ね、こういうのは機内で食べて旅を楽しむんだよ」と怒られる。

この頃になると、少しずつ落語の魅力に気づき始めていた。

つい最近も「親子酒」をやった前座がいたから、それとなく声をかけた。この日のトリの師匠の十八番だから、それは避けた方がいいんじゃないかと。自分が他人に言われると腹が立つが、人には強く言える。僕もだんだん落語の社会に染まってきたのかもしれない。

ただ、兄弟子から、ダジャレの「おったまげた」やその頃やっていた「マクラ」もダメだと言われた時は腹が立った。どうやらみんなが怒っているのだとか……。前座は程よく空気をあっためるものという感覚があるから、ウケて目立ちすぎる自分に対する反発が大きかったらしい。

当時は「都々逸親子」が大ウケしてテレビにも呼ばれるようになっていた。師匠より笑いを取っていたこともあった。兄弟子たちにしたら、落語の世界を破壊しにきた悪魔かなにかだと思われていたのかもしれない。

6月24日は地方で「円楽・好楽二人会」。実は円楽師匠とはソリが合わなかった。きっと、性格が似ていたこともあったからだろう。円楽師匠も常に新しいことに挑戦したり、しきたりなんかより面白きゃいいという人だ。円楽師匠が歳を重ねて丸くなった分、同じような跳ねっ返りの自分のことが気に障ったのだろう。

ある時は、「この中に勘違いしている奴がいる」と、じっと睨まれたこともあった。言われたこっちだって腹が立ったから、僕も思わず見返してしまった。間違ったことはしていないと思う。ただ、おかげでその会場はとてつもなく悪い雰囲気になってしまい、困って横にいた師匠を見たら寝たふりをしていた。

後日談ではあるが、僕の真打昇進が決まった直後には、円楽師匠に落語の稽古をお願いしたこともある。やはりベテランの師匠たちの中でも落語家として秀でていることは明らかだし、少しでも吸収したいと思ったのだ。ちなみにウチの師匠好楽には一度も落語を習ったことはない。

円楽師匠は寄席にノコノコと現れた僕を見つけると、「お、スパイか」と笑った。

「師匠、『町内の若い衆』を教えてください」

「嫌だよっ」

「町内の若い衆」は古典落語の名作の一つで、円楽師匠が得意としていたから、ぜひ直接教わりたかった。だが、最終的には首を縦に振ってくれたものの、結局その願いは叶わず、気がつけば向こう岸に行ってしまわれた。

師匠をつまらなくさせていたのは弟子である

師匠と鹿児島に行った時、楽屋に置いてあった「おーい、お茶！」を湯呑みに入れて出したら、「やっぱり地元のお茶は一味違うね」と言っていた。

そういえば、久々に小朝師匠にお会いした。

「前座期間のあとの2年間で何かを見つけなさい」

小朝師匠はいつも僕に道を示してくれる。そしていつも「常に先を見つめろ」と言う。その時はわからなくても、小朝師匠に言われたことは3年後に「ああ、こういうことか」とわかる。抜擢昇進からもわかるように、小朝師匠は先が見えて、なんでもできる人。つまり芸に愛された人である。

逆に師匠好楽は、なにもできない人だったようだ。昔から落語が好きで、19歳で八代目林家正蔵師匠に入門。師匠の高齢を理由に何度も断られたが、最終的に入門を許された理由は、正蔵師匠の亡くなった息子と同じ名前だったからだという。

ウチの師匠はとにかく酒が好きで何度も失敗を繰り返し、23回も破門された。正蔵師匠とおかみさんが家を空けている間に、師匠の元に届いた酒を全部飲んでしまったり、近所のスナックでツケで飲んで5万1000円の請求書が届いて真っ青になったりしたこともあったという。初任給が8000円の時代だから今だったら100万円くらいの感覚だろう。正蔵師匠がとにかく優しかったため、何度も酒で失敗し「破門だ」と言われても、そのたびにしおらしい顔をすれば許された。師匠好楽本人もきっと愛されるキャラクターだったのだろう。

1979年からは笑点に出演していたが、1981年に真打に昇進し、1983年に五代目圓楽一門に移籍。その後、笑点をクビになり、そのときに改めて落語と向き合ったという。落語協会を飛び出した五代目圓楽一門に移籍したのは、彦六師匠（正蔵を海老名家に返上、1981年から彦六に改名）が亡くなったことに加えて、五代目圓楽のことが好きだったからだ。

圓楽には「酒を飲んでもいいから勉強しなさい」と良く言われたという。「米屋や酒屋は、お米やお酒を売る。落語家は〝噺〟で食べていく。人間は誰でも言葉をしゃべれるんだ。その言葉を生業《なりわい》にするなんてふてえ商売だ。だから勉強しなきゃダメだよ」（2017年5月16日スポーツ報知）

落語には上手い下手がある。個人的な見解ではあるが、総じて性格が悪い方が落語がうまい。なぜだろう。人を冷徹に客観視できるから、噺がうまくなるのかもしれない。ウチの師匠は圧倒的に性格がいい。人情家ですぐに感情移入してしまう。小朝師匠が芸に愛される人なら、師匠好楽は人から愛される人なのだ。

2012年7月24日。ビタミン剤のCM撮影があった。歌丸師匠と師匠好楽の二人での撮影だったが、ベテランたちはたとえCMだろうと動じることもなく、余裕綽々の様子だった。

監督から撮影の流れと、演出の指導を受ける。「手のひらに瓶から2錠を出してください」という指示のとおり、歌丸師匠は一発OK。さすが本番に強い。

それを見ていた師匠好楽の手が突然震え出した。どうやら2錠を出すということで頭がいっぱいになって、緊張し始めたらしい。

「はい、本番」

すると、師匠はまさかのイップスにかかる。カチカチになった挙句、ロボットよろしくのぎこちない動き。一気に15錠が瓶から飛び出して、現場は騒然とするのであった。これを見て、僕は思わず爆笑しそうになった。

この頃になると、噺がうまいことと、面白いというのは、また違った魅力なのだと思うようになっていた。師匠とずっといるうちに、それに気がついたのだ。

ウチの師匠は噺が下手だと謙遜するし、名人と呼ばれる人と並び称されることは少ない。だが、それ以上に、人間としてなんて面白いんだろうと思うようになっていた。その最たる例が、先ほどの15錠である。「2錠出して」という簡単な指示に、無駄に緊張して15錠を出す。こんなことは滅多に起きないだろう。

だが、師匠がどれだけ間の抜けた粗相をしても、弟子たちは笑わない。それどころか、フォローしようとさえする。なんで、こんなに面白いボケを殺すんだと思った。

師匠好楽の面白さを誰よりも知っているのは弟子たちだ。それを笑わないでどうする。

師匠だからと持ち上げてばかりでどうする。

師匠を面白いと思ってもらうのも、弟子の仕事である。師匠がどう見たっておいしい状況を提供してくれるのだ、それを笑ってもいいじゃないか。落語がうまいのと同じくらい、人間が面白いというのは勲章ではないか。ウチの師匠を面白いと思って欲しい。……そして気がつく。そうか、自分を含めた弟子たちが、師匠をつまらなくさせているのだと。

「ウチの師匠はつまらない」

そうつぶやく。なんだかおかしくて笑えるじゃないか。

落語の流れがわかってくる

9月3日は師匠と女川へ慰問落語会へ行く。現地で一席やったのち、被災者の皆さんの話を聞くと、壮絶な内容ばかりだった。理容室をオープンした2日目に被災し、息子さんをなくしたという方は、荼毘にふす前に離れがたくて、自宅の寝室で息子さんと三人で寝たという。話を聞いているうち、あとからあとから涙が出てきた。横を見ると師匠はそれ以上に泣いていた。

その後、街の案内をしてもらう。暑い日だった。きっと美しく活気のある街だったのだろう。街を歩きながら被害の大きさと、そこから立ちあがろうとしている街の人の姿から元気をもらう。水揚げされたばかりの秋刀魚の刺身のうまさに感動していたら、「かき氷」と書かれた看板を見て、「やはり牡蠣《かき》が名物なんだね」と師匠が言ったのが聞こえた。

被災地ということもあり、やっている旅館は少なく師匠と同じ部屋に泊まることになった。こんな体験は初めてだったから緊張した。二間あったので僕は洋室、師匠は和室で寝ることになった。

飲み屋から帰ってきても、まだ夜は早い。コンビニで買ってきた缶酎ハイで改めて乾杯をする。3時間でチューハイ12缶を空けたようだ。酒を飲んでも、師匠は優しい。酒に強いからどれだけ飲んでも変わらないし、機嫌が悪くなったりすることもない。酒癖だけは素晴らしく良い。上機嫌になった師匠は「お前が偉くなったら、おごってもらおうかな」と笑う。

夜が更けて、布団を敷く。昼間に聞いた被災の話や、師匠と二人きりという非日常な体験で目が冴えている。

「私が若い頃は、師匠と同じ部屋で寝ることも普通だったんだよ」

布団に入って隣の部屋の師匠の声を聞いているうち、気がついたら寝てしまったようだ。深夜、尿意をもよおして目が醒める。トイレは師匠のいる和室にしかついていない。まさか起こすわけにはいかないから、ペットボトルの中へそっと用を足す。

窓から差し込む朝日で目が覚めた。時計を見ると7時前。師匠はまだ眠っているようだ。弟子は師匠よりも早く起きて支度をしなければならない。顔を洗う前に喉を潤そうとぬるいお茶を口に含む。なぜ海水が入ってるんだと思った瞬間に絶叫していた。

「朝から賑やかだね」

自分の叫び声で師匠を起こしてしまったようだ。


その2週間後、寄席の楽屋で兼好師匠から声をかけられる。師匠は師匠好楽の二番弟子にあたり、落語はめちゃくちゃ上手い、一門のエースと自他共に認める存在だ。だが、好楽イズムもしっかりと継承し、いい加減な一面もある。その昔、稽古をお願いしたら、僕の落語を聞きながら、ペンを持ちノートに真剣な顔をして何かを書いていたから、てっきりメモしているかと思ったら僕の似顔絵を描いていただけだった。

「笑いは取れるんだからさ、寄席ではマクラをやらずに、噺だけを一度きちっとやってみたらどうだろう」

師匠好楽は僕の高座については何も言わない。だからこそ、こうやって兄弟子が声をかけてくれる。兼好師匠はとにかく賢いし、面白い。たまにこちらがあっと思うような、素敵なアドバイスもしてくれる。前座が変なことをしたら嫌だろう、それをやんわりと教えてくれる。そのとき初めて、これまでの兄弟子たちの小言が腑に落ちた気がした。

「きちっと前座をやったら、他の師匠にも使ってもらえるよ」

自分の名前で独演会を打つ今ならわかる。お客様は落語を聴きに来ている。自分が目立つだけではなく、それを含めてしっかり考えろということだ。

翌月、師匠好楽と兼好師匠の雑誌の対談があり、現場に同席させてもらった。

「師匠のところじゃなきゃ、辞めていた」

兼好師匠の言葉に大きく頷く。それは僕も一緒だ。気を良くしたのか、師匠好楽はこの日も絶好調だった。

「弟子は師匠を尊敬して真似しすぎると良くないけど、うちの弟子は好の助以外私を尊敬していないから大丈夫だね」

雑誌のスタッフは愛想笑いをしていたが、兼好師匠は大笑いしていた。

師匠は怒らないけど おかみさんがこわい

おかみさんと最初に会ったのは、正式に弟子入りする2週間ほど前だったと思う。

「おかみさんを怒らせちゃダメだよ」

そう教えてくれたのは、酒場で一緒になった師匠の飲み仲間だったか。おかみさんはとにかくはっきりとものを言う人で、五代目圓楽師匠もおかみさんにはびびっていたという伝説が残っているくらいだ。

小さん師匠がお金を借りにきたこともあるというくらいいい家に育ったお嬢さんで、どんなに偉い相手でも間違っていることは間違っていると言える人だった。そして、情に厚い人だった。

おかみさんは常に「弟子は子どもだ」と言っていた。そのくせ、師匠と結婚するくらいだから、ダメ男が好きだったのかもしれない。おかみさんが目をかけた弟子というのは、ことごとくダメな男ばかりだった。


しかし、とにかくおかみさんにはよく怒られた。寄席終わりで僕が打ち上げ会場の焼鳥屋さんを予約した時のことだ。この時は道案内でしくじった。

「打ち上げ会場は、『日本海』という居酒屋の〝手前〟を〝左〟に曲がったところです」

実際には『日本海』を越えて左に曲がったところだった。小さいミスではあるが、説明が間違っていて道に迷ったと怒られた。

すると、優しい師匠は僕をかばってくれる。

「駅からの行き方を説明したんじゃないかな」

「だったら、『日本海』の手前を〝右〟と言うでしょ」

挙句に「弟子をかばうな」と僕のせいで、師匠まで一緒に家族に説教されたのだ。

その翌週の寄席の打ち上げでも怒られた。師匠から「一杯目はレモンサワー。次からは、ウーロンハイ」と言われていたのに、二杯目もレモンサワーを頼んでしまったからだ。

「本当に、人の話を聞いてない！」

おかみさんに怒られる僕を不憫に思ったのか、またもや師匠が助け舟を出す。

「ま、もう一杯レモンサワーをいただくかな」

「弟子を甘やかすな！」


おかみさんはいつも僕に怒っていた。年末に好楽一門でランチを食べに行った時は、師匠とおかみさんと兄弟子が全員600円の日替りランチを注文したのに、僕だけが700円のハヤシライスを注文した。二日酔いで、日替わりのメインのフライを食べられる気がしなかったからだ。やはりおかみさんから矢が飛んできた。

「あの子ったら、あんたより高いものを頼んでるよ」

師匠の家で、エアコンの〝送風〟をつけようと思ったのに、間違えて〝暖房〟をつけてしまった。やっぱりおかみさんが飛んできた。

「何で暖房なんて、つけているの。こんなに暑いのに、何で師匠も弟子も気づかないんだよ！」

今度は師匠に説教を始めた。僕と同じくらい師匠も怒られていた。

ある時は師匠が落語会の手伝いをする前座の手配を忘れていたことがあった。

「あんた、忘れてたんでしょう！　前座がいない落語会なんて、中止だよ！」

顔色を失う師匠。そういう時ばっかり僕に泣きついてくる。

「明日の落語会には、こうもりが必要なんだ。本当にお前さんじゃないと、ダメなんだよ」

師匠が調子の良いことを言ってるのはわかっているが、先に入っていたプライベートの予定をキャンセルして、落語会の手伝いに行った。それからしばらくは師匠が優しかった。

ちなみに、僕のせいで師匠が怒られた後は、かならず師匠が、おかみさんに聞こえないように僕の耳元で、「あいつは細かいことに厳しいよな」と笑いながら囁くのだが、大きく頷くわけにもいかないから曖昧に笑ってごまかすしかない。

おかみさんと、師匠の微笑ましいやりとりは、一門を超えて、落語界のネタとして重宝されていた。普段は僕の話で笑ってくれない円楽師匠ですら、この好楽師匠の暴露話だけは、爆笑してくれた。僕の情報を心待ちにしては、仕入れたばかりの暴露ネタを寄席で披露して笑いを誘うのだった。

ある時、おかみさんの横にいた師匠にたしなめられたこともある。

師匠のお得意の噺の中に、「三年目」という古典落語があるのだが、一門の若手から、「稽古をお願いします」とよく頼まれる。師匠はそれを疑問に思ったようで、おかみさんに相談したらしい。

「『三年目』を習いに来る人が多いのはなぜだろうね？」

おかみさんはアハハと笑いながら、「あんたでもできるくらいだから、みんな簡単だと思うんじゃない」と師匠をからかった。まるで落語のようなテンポのいい会話を横で聞いていた僕も思わず「イヒヒ」と笑ってしまった。すると師匠はキッとこちらを睨んだ。

「なんだよ、笑ってないで、否定しなさいよ。師匠のフォローをするのも、弟子の役目ですよ」

目の前の100万円より未来の1億

岩手県宮古市での落語会の帰りに師匠に怒られたことがあった。先週の『大竹まこと ゴールデンラジオ！』で、師匠を贔屓にしてくれる畳屋さんの名前を適当に答えてしまったからだ。

「応援してくれている人の名前を間違えるなんて、絶対にあってはならない。畳屋さんは松本さんです」

そう書かれた直筆の紙を貰った。師匠が丁寧な言葉遣いをするのは、頼み事か怒っているとき。師匠はそういう義理は絶対に欠かさない人である。

たとえば、地方の営業に行ったら、かならずお金をたくさん落として帰る。地元の人たちから貰ったお金は、独り占めしてはいけない。そう教えてもらった。

当時、僕の元に破格のギャラで舞台のオファーが来ていた。修行は楽ではなかったし、やはりキラキラした芸能界へ少しでも片足を突っ込んでいたいという気持ちもあったから、かなり心が揺れていた。舞台となると1~2ヶ月は修行に穴をあけることになる。前座という立場で許される振る舞いではない。

地方に向かう新幹線の中で、師匠は「今は我慢しなきゃだめだよ」と言った。目の前の100万円より未来の1億を狙わないでどうすると。

「実力もないのに背伸びをしたら疲れるだろ？　地に足をつけてやりなさい」

口には出さないけれども、前座に慣れて、気が緩んでいることを気にしていたんだと思う。翌日舞台はお断りしたのだが、あとで聞いたらギャラ未払いやらチケットノルマが厳しい舞台だったそうで、人生に近道はないのだと、師匠の言うことを噛み締めたのだった。

そんな折、三番弟子の好の助兄さんと打ち上げの席でささいなことから、険悪なムードになってしまった。「私を一番尊敬しているのは好の助」と師匠は言う。不器用なところもあるが根はとても優しい人だ。

今でこそなんでも相談して甘えられる関係になったが、繊細な一面を持っている兄さんだからこそ、がさつな自分とは当時はソリが合わなかった。文字通り水と油だった。テレビでは『ＴＨＥ ＭＡＮＺＡＩ』でハマカーンが優勝している様子が映っていた。中華料理屋でそれを見ていた自分は、悔しさや、今の自分の不甲斐なさから号泣してしまう。ずっとフタをしていた感情が溢れ出しそうだった。面白いことをしたい、ただそれだけだった。飲み会の最後に僕はこう言ったらしい。
「兄さんとは合わないけど、人を喜ばせたい気持ちは一緒ですよね。二人会やりましょう」

翌朝、日が覚めて大反省する。兄弟子に生意気なことを言ってしまった。またしくじりだ。好の助兄さんのＴｗｉｔｔｅｒを見ると「あいつは嫌いだしムカつくけど、頑張ってください」と書いてあった。

お笑いと落語の二刀流でR-1決勝へ

2013年1月。ウエンツ瑛士とスキーへ。ゲレンデに着くなり嘔吐。うんこも漏らして緊急下山して帰京。10年来の友人であるウエンツには「こんなハプニングはいつものことだ。なんならお前は今日もう一回うんこを漏らす」と宣言された。

東京へ帰り病院へ行くと、ウイルス性胃腸炎と診断される。病院で、診察中に関西テレビプロデューサーから着信。前座名である「三遊亭こうもり」としてずっと挑戦していた『R-1ぐらんぷり』で、決勝進出が決まったという連絡だった。思わず涙が出てうつむいていたら、看護師さんから「そんなに痛いんですか?」と心配される。

落語の前座修行と並行して芸人活動を続けることにいい顔をするものはいなかった。だが、師匠だけは守ってくれた。早くこの喜びを師匠に伝えたいと思った。

その日は尋常ではない量の祝福メールやＬＩＮＥが届いていたが、朝から前座修行の密着取材。夜はハチミツ二郎さんが祝賀会を開いてくれる予定だった。

サンドウィッチマン伊達さんから「とむは決勝行っただけで、優勝したようなもんだよ」と褒められていい気になっていたし、大竹まことさんからは「優勝なんて考えるんじゃないぞ。いかに負けるかだ」と言われる。

――迎えた2月12日。Ｒ－1決勝当日。結局、師匠からは「大きな声で」しかアドバイスをされなかった。「失敗してもいいから」と相田みつをみたいなことも言っていたような気もする。

決勝の結果は、1票も入らず、最下位。その後のアフタートークのような番組でも大スベりした。落語も芸人も、どちらも中途半端にやってきた自分の今の結果がこれだった。その夜、師匠から電話があったときは正直に言えば、憂鬱であった。

「よくやったよ。今日のことを胸に、明日からも頑張りなさい」

電話の向こうで、お前が優勝したら開けようと決めていたワインをさっき飲んじゃった、と笑う師匠。そして電話を切る間際にこう言ってくれた。

「お前さんが、一番良かったよ」

涙が出そうになった。せっかく勝ち進んだR－1決勝。ピン芸人のナンバーワンを決める大会の冠の「R」とは「落語」から取られているそうだ。結果としては最低の結末ではあったが、それで良かったのだと思う。

はっきり言ってしまえば、落語界として、今のままの僕を認めたくないのだ。前座の立場のくせに、お笑いとの二足の草鞋をはいて結果を出されたら、たまったものではない。万が一、優勝でもして、お笑いの世界に戻っていったら、「落語を利用された」として石を投げられていたことだろう。

1票も入らないでよかったのだ。そう思うしかなかった。

決勝翌日、兄弟子が少し認めてくれた

我々一門は、大きな小屋に出ることはない。そのあたりの細かい事情はさておき、席亭やお茶子と呼ばれる劇場スタッフがするような、寄席の準備も掃除も自分たちで行う。R－1翌日はいつもの両国亭で定席があった（実はR－1決勝当日も寄席はあったのだが、その日は休ませてもらった）。だから、いつもより少し早く家を出た。

寄席に着くと、その日の出番表を組んで、掃除をする。しばらくすると、兄弟子たちが来る。兄弟子たちは稽古に来たようだ。

「おい、何してんだ」

いや、見ればわかるでしょう。掃除ですよ、と心の中でつぶやく。兄弟子たちもそれはわかっている。兄さんたちが言いたいのは、決勝翌日なのに、お前はこんなところで何をやっているんだ、こんなところにいていいのか、と心配してくれていたのだ。どうやらテレビに引っ張りだこだと思っていたらしい。

「いや、勝てなかったんで……」

師匠をいじったネタをやったこともありバツが悪く、下を向いて、もくもくと箒をかける。兄弟子たちも何か言いたそうだったが、楽屋に入っていった。気のせいか、その日はみんないつもより優しい気がした。


――2014年1月1日、寄席前の理事会で9月1日に「二ツ目」昇進が決まる。

「寄席をタレント活動で休みがちでしたが……、あ、嫌味だよこれ」

その場に集まったみんなの前で円楽師匠がそう言うと笑いがおきる。「前座」の上が「二ツ目」。前座の仕事である師匠の身の回りの世話などの雑用から解放され、紋付袴を着ることも許される。本格的に落語に向かい合う時期でもある。次に目指すは「真打」だ。

理事会は僕の昇進が主な話題であったが、「ほかに何かある人」と言うと、三遊亭楽松師匠が手を挙げた。「私のカバンが小さいから、チラシをA4からB5に変えて欲しい」と言ったので思わず吹き出した。全員から「カバンを変えろ！」と一喝され、昇進が決まった理事会は和やかに幕を閉じた。

ちなみに、好楽師匠は「こうもりの昇進はまだ早い」と反対されるのが怖かったらしく、おかみさんに昇進のことを内緒にしていたらしい。翌2日に「おかげさまで昇進が決まりました」と報告に行くと、おかみさんはキレていた。僕ではなく師匠に。

「何、それ、聞いてないわよ。私が反対するのがわかってたから、内緒にしてたのね！」

二ツ目昇進が決まってからは、さらに稽古に身が入ったと思う。だが9月までは前座であるから、師匠のお世話も粗相がないように気をつけた。

当時、師匠と飛行機に乗って地方に行く仕事があったときは、機内の音声配信サービスでは師匠の落語が流れていたから、「師匠、勉強させていただきます」とイヤホンを耳に入れた。

どれくらいの時間が経ったのだろう、気がつくと飛行機は着陸体制に入っていた。

「よく眠れたかい？」

師匠はニヤッと笑うのだった。

祖母が放った痛烈なひとこと

僕は小さい頃からおじいちゃん子だった。93歳まで生きた母方の祖父には本当に可愛がられた。祖父が亡くなった後、祖母が一人になり、高齢なこと、認知症の疑いがあったこと、オートバイとの事故に巻き込まれて足が悪かったことから、暇をしていた僕が一緒に暮らしていた。

入門した弟子は師匠の近くに住むのが慣例だが、僕だけは祖母宅から通わせてもらっていた。僕しか祖母の面倒を見られない状況の時は、寄席を休んだこともあった。師匠とおかみさんからそれについて文句を言われたことはない。そればかりか、祖母のことをずっと気にかけてくれていた。

2014年春になるといよいよ祖母の具合が悪化し、やがて病院のベッドで夢と現実が混濁している状況が続いた。いよいよ後がない状況である。

それを師匠に伝えると、師匠とおかみさんがお見舞いに来てくださることになった。弟子の祖母のお見舞いに来てくれる師匠なんてなかなかいないだろう。一緒に来てくれたおかみさんは、様子を確かめにきたのかもしれない。というのも、祖母を理由に寄席を休むわりには女性の影があったりと、おかみさんにはいつも怪しまれていた。架空のおばあちゃんを捏造した「おばあちゃん詐欺」の疑いがかかっていたのだ。


当日、師匠とおかみさんと最寄り駅で待ち合わせをして祖母の病院へ向かう。

病室では、昨日まで昏睡状態だった祖母がベッドで背筋をピンと伸ばして起き上がっていたからビックリした。昨日までは本当に寝たきりだったのだから。

「孫がお世話になっております」

祖母が頭を下げると、師匠もおかみさんも、「聞いているより全然元気そうで良かった」と笑顔になる。「本当にいたんだね」とおかみさんは僕を見てニッと笑った。

それにしても祖母の元気さには驚くばかりだったが、ふいに師匠の手を両手で握りしめて言った。

「師匠、聞いてください。この子は昔っから悪い子で、本当にズル賢くてね。師匠は本当にいい人だから、この子に騙されてるんです！」

師匠もおかみさんも病室に響き渡る声に思わず大爆笑だ。すぐに看護師さんにたしなめられる。

師匠が手を握り返して、「また来るからね」と言うと、祖母は心から安らかな顔をした。去り際には「こうもりのおばあちゃんへ」と見舞い金までいただいてしまった。

仕事があったので僕も祖母に別れを告げて、帰り道に3人で駅に向かう。お腹が空いたからと入ったのは駅前の町中華だった。

「おばあちゃん元気そうで良かった。二ツ目になったら安心するね。あ、そうそう二ツ目の名前なんだけど、三遊亭とむはどうかな？」

やはり本名に愛着があるから、素直に嬉しかった。ただ、同時に相応の覚悟を持って入った落語界なのに、とむになると逆戻りかしら。いや、その前にこうもりの方がどっちつかずか……。

「ありがとうございます。祖母にも明日伝えます。喜ぶと思います」

その10時間後、祖母が亡くなったと病院から連絡がくる。本当に驚いた。師匠とおかみさんに一目会って、安心したのかもしれない。幼い頃からの思い出がよみがえる。ケンカもたくさんしたし、子供の頃からしょっちゅうチンチンを出しては怒られていた。同居してすぐ、自分の部屋に金髪ギャルを連れ込んでいたら、祖母にドアを開けられ「外国の人かい？」と驚かせたこともあった。

ここ数年は認知症も進み、介護も加速度的に厳しくなった。足が悪いからトイレに行くのも一苦労だった。でも、たくさんかわいがってもらった。そんな祖母の最後の言葉が「師匠は騙されてるんです」。漫才だったら「何でやねん！」と突っ込まれること必至。もしかして祖母の一世一代の大ボケだったのか。だが、師匠もおかみさんも、とびきり笑顔になってくれた。なんとも僕にぴったりの最期の言葉であった。

翌日、昨日のお礼と祖母が亡くなったことを師匠に伝える。師匠とおかみさんは絶句していた。昨日まであんなに元気だったのに、人の行く末というのは本当にわからないものだと思った。

酒と競馬があれば生きていける

二ツ目昇進まであと1ヶ月半。

いつものように朝10時に師匠に電話をすると、第一声が「ふざけんなよ〜」。いつも穏やかな師匠を怒らせるようなことをしてしまったのかとビビる。

「ジャパンダートダービー、ハッピースプリントが2着じゃねーか、アハハハハ」

師匠が買った一番人気の馬が、写真判定の結果2着になってしまったということだったが、師匠の競馬はたいてい当たらない。

僕はまた数年ぶりに一人暮らしに戻っていた。笑点特大号では前座なのに若手大喜利の椅子を勝ち取り、ラジオのレギュラーも復活して、気づけば借金も返し終わり、僅かだが貯金もできた。だから、師匠のお付き合いで馬券を買うこともあった。

師匠は競馬が大好きである。酒と競馬があれば仕事がなくても生きていけると笑う。馬券と酒を買うために働いているような気持ちなんだろう。競馬好きというのはなぜだろう、負けるのがわかっているのに競馬場に行きたがる。「馬は近くで見ないとわからない」と言いながら、穴が開くほどじっくり見た挙句、ことごとく馬券を外す。興行に行った先に競馬場があれば、貰ったギャラの数倍のお金を散財して帰ることになる。だが競馬をやっている時の師匠はとてもイキイキしている。

ある時、ひょんなことから僕の知り合いにＪＲＡ関係者がいることを知った師匠は、急に敬語を使い始めた。その方のご好意で来賓室を取れることがわかったからだ。

以来、師匠は、来賓室を取ってほしい時だけ僕に敬語を使う。

先日は留守電が入っていた。

「あ、好楽です。とむちゃん、お元気ですか？　今度お前にね、ぴったりの落語のネタがあるから教えっからね。で、あのぅ、つきましては、来月の20日の日曜日なんだけども、ワタシ仕事がなくて新潟競馬場を押さえてもらいたいなぁと思うんだけど……6人ぐらいで行きたいんだけど……どうでしょうか？ ご連絡お待ちしております」


師匠が寄席の楽屋でご機嫌なのは、競馬が当たった時だ。

「師匠どうなさったんですか？ 何かいいことありました？」

わかりきった上で聞くと、「じゃーん」と馬券を見せてくる。

「3連単を取りました、アハハハハ」

いくらになったんですか？ え、そんなに！ さらに3連複も買ってたし、馬単も馬連も合わせた、しめて……「ええええ！」っと驚く金額を当てたことがわかった。たくさん買えばいつかは当たる。下手な競馬も数うちゃ～の典型的なパターンだ。

すると「はい」とポチ袋を渡された。

「いやさ、自慢話なんかしちゃったから、聞いてもらったお駄賃」

「いやいや、いつも外れてるじゃないですか」という言葉はぐっと飲み込み、そんなお金は貰えないです。せっかくなんで大事にしてくださいと固辞するも、上機嫌な師匠はいつにも増して強引だった。

「大丈夫。お金は天下の回りものだから、ツキが落ちないようにさ、みんなに渡してるの。タクシーの運転手さんにもあげちゃった。アハハハハ」

今思えば師匠こそが、元祖お金配りおじいさん。この先を思うとゾゾっとするばかりであった。

一門では酒が飲めないとやっていけない

酒が飲めれば入門と言われたくらいだから、一門はいつだって飲み歩いている。師匠の酒はとにかく長い。朝まで飲み続けるなんてざらで、弟子が仕事を言い訳に一人二人と脱落していく中、最高齢の師匠だけが、最後までゾンビのように生き残っている。

これが年に数度だったら我慢して朝まで付き合う。だが、週に数回これが繰り返されるから、弟子はだんだん疲弊してくる。前座のうちは酒席の付き合いも修行と割り切ることができるが、二ツ目になると、飲み会の途中で消える不届きものが現れる。まぁ、僕なのだが。そもそも現れないものもいる。

自分も酔っ払って、何度も途中で帰ってしまった。気持ちよくカラオケを歌っている師匠を置きざりにして、黙って帰ってしまうなんて、他の一門だったらありえないだろう。

だが、ドロンした翌朝、何食わぬ顔で師匠に挨拶すると、「昨日はどうしたんだい、急にいなくなっちゃって」と心配してくれる。こちらも適当にごまかすのだが、そもそも師匠自体が酒で何度もしくじってきた人だから、弟子の酒の不始末には寛容なのだ。酒で失敗すると、「あいつも芸人だね」と陰で褒めてくれたこともあったらしい。すかさず、おかみさんに「弟子に媚びを売るな」と怒られたようだったが……。

師匠譲りといえば聞こえがいいが、僕も酒の上での大きな失敗は数知れない。

前座は一番手か二番手に高座に上がらないといけないのだが、朝まで飲んでベロベロのまま寄席に行ったら、師匠が気を遣って、僕の出番を後回しにしてくれた。さらに、お客さんに見える香盤表に、「このころには、きっと二日酔いも覚めているであろう三遊亭こうもり」と書いて、ネタにしてくれた。

結局、酔いが覚めきらないままで高座に上がったのだが、客席から声がかかった。

「大丈夫、お前さんの師匠も、お酒で何度も失敗してるから！」

僕がレギュラーを細々とやっていたラジオの生放送に、ひどい二日酔いで出演した時は「酒臭えな」と大竹まことさんにひどく怒られた。すると、それを聞いて腹を立てたリスナーが、どこからか師匠の家の電話番号を調べて、電話をしてきたのだ。あんたはいったいどんな育て方をしたんだ、とまくしたてられたらしい。

「なんでうちのお父さんが謝るんだ」とおかみさんは怒っていたが、その前日に僕にしこたま飲ませたのは師匠なのだった。

テレビの仕事も酒でやらかした。笑点特大号では、師匠の持つ池之端しのぶ亭の隣の公園で花見宴会のロケが行われた。そこで司会の大役を任されたにもかかわらず、ロケの最中に飲み過ぎて記憶をなくしてしまったのだ。

その後の記憶は全くない。ズキズキする頭で目が覚めた。しのぶ亭の座布団の上でヨダレを垂らしながら寝ていたようだ。ロケはきっと終わったのだろう。近くにいた弟弟子のらっ好に声をかけると心配顔だ。

「兄さんやらかしましたね。おかみさんがブチ切れて大変だったんですから。大師匠

（孫弟子は師匠をこう呼ぶ）がいなかったら大変でしたよ」

聞けば、荒れ狂うおかみさんを師匠が必死になだめてくれたらしい。そして最後にこう挨拶したのだとか。

「今日は有難うございました。司会のとむは飲み過ぎましたね。でも、今日はお酒を飲む企画ですので、一番お酒を飲んだとむが一等賞!!　おひらき！　アハハハハ」

微かな記憶の奥底から、「アイツを破門しろ!!」というおかみさんの怒声が聞こえてきた気がした。

4章

そして真打になる

サプライズ記者会見

2022年12月6日は自分にとって、特別な一日になった。

この日は、真打昇進の発表、そして、武道館公演というかつてない大きな興行を仕掛けるための記者会見であった。のみならず、真打としての名前を発表する日でもあった。発表というが、実は自分も知らされていなかった。私の周りでは師匠だけが知っていたのだが、当日まで教えないでほしいと師匠にお願いしたのだ。

——事件は2ヶ月前に起きた。

そろそろ真打としての名前を入れた手拭いや扇子などを発注しなければいけない。ロットが多いから、早めに注文しておかなければ、万が一納期遅れなどがあった場合に取り返しがつかないことになる。これまで、さんざんしくじってきた私は、その反省を生かして、早めの発注を心がけていたのだが、肝心の名前がわからないのでは話にならない。そう思って、師匠に電話をした。

「師匠、そろそろ真打名をご相談したいのですが……」

「それはもう決まったから。アタシがね、思いつかないからさ、昨日落語会で一緒だった小朝に頼んだからね。よろしく〜！」

ガチャンと電話を切られた瞬間、なぜだかきつねに化かされたような嫌な気分がした。何を言っているか意味がわからなかったからだ。そして時間が経つにつれ、段々と怒りへと変わっていった。

「え、他の人に命名を頼んだ？」

人生100年時代、下手すりゃ、あと60年使う名前だ。ましてや、本名「末高斗夢」の芸人時代に入門して、「三遊亭こうもり」→「三遊亭とむ」と、人気落語家ではない自分は改名する度に認知度が下がっていった実績がある。心機一転とはいうものの、ゲームのリセットボタンを押されるような気持ちだった。だからこそ、せめて名前は師匠と相談したかった。

師匠が他の師匠に命名を頼むという例は、これまで聞いたことがなかった。名前をつける際は、師匠と真打になる弟子が相談して決めることもあれば、師匠が勝手に名前を決めることもある。師匠の師匠が決めることもある。実績のある亭号だったら、「次はあいつだろう」という暗黙の了解もある。そういえば、師匠のお子さん（弟弟子でもある）三遊亭王楽師匠のお子さんの名前は、小朝師匠がつけていた気がする。

落語の世界に入って10年が経っていた。落語という世界に少し辟易としていたところもある。こうなったら「三遊亭末高斗夢」という名前で活動するのも悪くないなと思ったこともあった。桂米助師匠が、ヨネスケの名前でテレビで活躍したように、落語とタレント活動をわけるのだ。

そこにやってきた真打昇進の話。なぜ、師匠は弟子に名前をつけるという仕事を放り出したのだろうか。

自分はとても生意気だったから、どんな名前をつけても文句を言われると思ったのかもしれない。

「あいつは小朝がつけた名前だったら、文句を言わないだろう」

そんな目論見もあったのかもしれない。

何事にも飽きっぽい自分が、この先、落語を投げ出さないように、小朝師匠も巻き込んでくれたのかもしれないとも思った。

新しい名前を待ちわびて

当時の小朝師匠のブログにはこう書いてある。

兄さんから、来年真打に昇進するお弟子さんの
新しい芸名を考えて欲しいと頼まれました
過去にも一人、兄さんのお弟子さんの名前を僕が決めてるんですよね
そればかりか、長男の王楽さんの二人の息子の名付け親も僕なんです
家入家は親子揃って人任せなのであります
さて、どんな名前にしようかなぁ

ちょっと待て。以前にも頼んだことがあるのか。聞けば弟弟子の三遊亭ぽん太の名前を提案したのが小朝師匠らしい。小朝師匠もブログに書いているが、師匠はどれだけ人任せなんだ。そしてもう、手遅れのようだ。引き返せない。というより、師匠は自分で名前をつける気がさらさらない。

ひとまず、今の偽らざる気持ちを誰かに聞いてほしいと思った。スマホを片手に、一門をはじめ、知り合いに片っ端から連絡した。業界によって、その反応が違うのが面白かった。落語家は口を揃えたように私のことを羨ましがった。

「ウチの師匠にしては、素晴らしいアイデア」
「好楽師匠と小朝師匠の信頼関係が垣間見える」
「小朝師匠に名前を考えてもらえるなんてラッキー」

寧ろ喜ばしいことだと言われる。どうやらこのモヤモヤをわかってもらえそうもない。だが、芸人の反応は違った。中でも一番共感してくれたのはX-GUNの西尾さんだった。

「とむが腹立つのはむちゃくちゃわかる」

西尾さんは異様なまでに共感してくれた。こちらが引くくらい「わかるわー」を繰り返す。


「困惑してます」

「わかるわー」

「なんでこんなことに」

「わかるわー」


そういえば、西尾さんは過去に、細木数子氏に「丁半コロコロ」にコンビ名を変えられた苦い過去があったことを思い出した。あの出来事は西尾さんの心に大きな傷を残している。

「あの時はむっちゃ嫌やってん。でもな、考えたら、小朝師匠のおかげで落語家になれて、好楽師匠に守られて今があるわけやから、全て受け入れるのええんちゃう。ほんまに嫌やったら、また変えればええやん」

16歳からお世話になっている芸能界の兄貴のような存在。ダメなところも含めて、私という人間を知り尽くしている西尾さんにそう言われると、ふっと気が楽になった。思い起こせば、いつだって自分の我を通したことは失敗してきた。芸歴20年をこえたが、ダジャレや自分のスタイルにこだわっていた結果、芸人として大成しなかった。流れに乗っかった時は上手くいった。落語という世界にフラフラと飛び込み、自他共に長続きしないと思っていたが、気がつけば10年以上続いた。今では真打にまでなろうとしている。

きっと全てを受け入れ、流れに身を任せるのがいいのだろう。これまでの経験からそう思った。

名前予想で夜も眠れず

翌日、寄席で師匠に会う。師匠は下を向いてこちらを見ようとしない。

「師匠おはようございます」

「……おはよう」

私が不満タラタラだと思ったんだろうか。手元にあるスポーツ新聞をじっと読んでいる。いや読んでいるフリをしている。

確かに最初は納得がいかなかった。真打の名前は師匠につけてもらうものだと思っていたからだ。だが、静かに受け入れてもらいたいからと、イタズラがバレた子供のような師匠の態度を見ているうちに、だんだん腹が立ってきた。ついつい強い口調になってしまう。

「名前の件、ありがとうございました。小朝師匠にも改めて御礼を言いに行きます。そのかわり……」

そのかわり、のあたりで師匠が固まったのがわかった。

「一つお願いがあります。名前が決まっても、誰にも言わないでください。そして私にも知らせないでください」

私が強く言ったのは、師匠には前科があるからだ。

――それは半年前のこと。最初に真打昇進を知ったのは、師匠の飲み仲間のコメタニさんからのリークだった。どうやら私の真打昇進が理事会で決まったあと、いつものように近所に飲みに行った師匠は、何軒目かわからないが、私が真打昇進することをポロリと漏らしたらしい。きっと酔っ払って嬉しさに拍車がかかったのだろう。

私が師匠のお供で飲みに行ったら、みんなが「おめでとう」と言うから、何かと思ったら、実は真打昇進が決まっていたというオチである。開いた口が塞がらなかった。

真打昇進は落語家にとって人生の一大事である。興行の最後のトリを飾る資格を与えられるし、弟子を取ることもできる。落語家としての本当のスタートとも言える。

真打になるというのは、大変大きな意味を持つのだ。それを他人から知るのはあまり気分のいいものではない。というより、酒に酔ってペラペラ喋らないでほしい。だから今回はしっかりと釘を刺した。

「記者会見でサプライズ発表したいんです」

「もちろん。私はね、口が固い時は固いんだよ」

まったく信用ならない。だが、そう言う師匠が、とても嬉しそうにしていたことはハッキリと覚えている。私の真打昇進を心から楽しみにしていたのは、おそらく師匠の方だったのだ。

大外れどころか意外すぎる命名にビックリ

その日から夜な夜な考えていた。どんな名前になるのだろう。三遊亭好楽の好に、小朝の朝で三遊亭好朝？　三遊亭好朝先生。うーん、なんだかしっくりこない、こうなったら三遊亭絶好朝、それはダサいな……。

仕事先に行くたび、名前はどうなるんだろうね、と興味を持ってもらえたのはありがたかった。ラジオでご一緒している大竹まことさんからは「三遊亭好門」がいいんじゃないか、と言われたが、菊……ではなく聞く耳を持たず、笑顔で却下させてもらった。

眠れない日は、しばらく続いた。

――そうして迎えた記者会見当日。

緊張して会見場のホテルに着くと、思ったよりも大勢の記者の方がいて驚いた。横には自分よりもさらに緊張している様子の師匠がいる。おそらくずっと胸に秘めたままで、苦しかったに違いない。約束を守ってくれた師匠に感謝した。

だが、発表された名前を聞いて、いすから転げ落ちそうになった。


「錦笑亭満堂《きんしょうていまんどう》」


まず、三遊亭ではない。師匠と違う亭号をつけることは、一般的ではないが、まあないことではない。過去にあった亭号をつけることもあった。だが、初めて聞く音の響きに頭がついていかない。

横で司会の方が名前の意味を説明してくれる。「満堂」とは中国ではとても縁起のいい言葉で人々が満員になった状態をいう。新宿末廣亭の高座の上には「和気満堂」と書かれた額が飾ってある。

錦は金と同じだから、〝最高〟のもの。満員の観客を最高の笑いで包む人ということらしい。姓名判断でもとにかく縁起のいい画数なんだとか。真打のお披露目を武道館でやることで話題を作るつもりだったのだが、小朝師匠が1ヶ月半も考えたという名前のインパクトに負けてしまった。

「うさぎと亀なら、亀でいきなさい。じっくりじっくりと芸を磨きなさい」

そんな、師匠のありがたい言葉もほとんど耳に入ってこなかった。

いやはや、なぜ小朝師匠はとんでもない名前をつけてくれたのだろう。新しいことが好きな私の性格を小朝師匠が知っていたからかもしれない。ナンバーワンよりオンリーワンという意味では、実に僕好みではある。そして、万が一私が不始末を起こしても、三遊亭の名前に傷がつかない。いや、それは考えすぎか……。

しかし、まったく予想だにしなかった名前になった。なんだか小学生が描く漫画の中の落語家がつけてそうな名前である。

でも、不思議と嫌ではなかった。初代だから家元になるのか。悪くないな……。単純な私はまんまと小朝プロデュースの策にハマった。まさに生まれ変わったような気分だ。「錦笑亭」として、未来を作っていこう。そして未来の弟子のためにも、もうちょっと落語の稽古もしないと。時間が経てば、きっと私も周りも錦笑亭満堂という名前に親しんでいくのだろうと思った。

２０２２年12月の満堂宣言から早１年。

今日も師匠から留守電が入っていた。

「あ、とむおはよう！　頼んでおいた競馬場の件どうでしたか？」

高座以外では一度も〝満堂〟と呼ばない師匠。つくづくいい加減なものである。

キンとマンがチンでする

真打昇進記者会見、師匠は私の芸歴についても触れてくれた。

「うちに来たのが11年前で、その前もずっとピン芸人をやっていた。こんな長い歴史のある芸人だということに気づいたので、慌てて真打に昇進させました」

その後の、この子がスターになるのが夢でした、という言葉にはホロっときた。「ブドウカンじゃなくてブドウパンの間違いじゃないか」という小さなボケもそこそこウケていたので、師匠はご機嫌だった。本当に武道館でやるんだな。だんだん実感が湧いてきたおかげで、弟子ができたら、名前は「こまんど（小満堂）」で、女の子だったら「あまんど（尼満堂）」だなという冗談も笑えるようになってきた。

ちなみに武道館でやると決めたのは、イベントとして大きく仕掛ける、そういった落語家の披露目として初の試みが面白そうだと思ったから。ただ、料金を知って青ざめたのは言うまでもない。

6月には関係者やお世話になった人を招き、錦笑亭満堂の真打昇進披露を行った。顔見せのようなものだ。場所は椿山荘。ラジオでご一緒している笑福亭鶴瓶師匠に招待状をお渡しすると、大笑いしていた。

「キンとマンが名前に入ったやつが、チンでアレするってなんやねん！」

そうだ。たしかに、一瞬聞きなおしたくなる名前であることは間違いない。縁起がいい名前をこれでもかと足し算した感じは、派手でお馴染みの名古屋の結婚式のような風情さえ感じさせる。

三遊亭ではない亭号に関しては、落語界から同情の声もあったようだ。せっかく師匠に10年以上ついてきたのに三遊亭を名乗れないのかと。「三遊亭剥奪」と面白おかしく話す人もいたらしい。それだけ落語村の中では私のことをいけすかないと思っている人が多かったのだろう。

だが、私のことを好ましく思っていなかった人は、今回の亭号を聞いて「ざまあみろ」と溜飲が下がったようだ。まさかの効能。さすが、縁起がいい画数である。

これで「三遊亭とむ」という名前にもおさらばである。本来の自分の名前に愛着がない人はいないだろう。親しい人は私のことをみんな「とむ」と呼ぶ。だが、末高斗夢という本名ではブレイクしきれなかった。どん底を経験して好楽師匠のもとに弟子入りし、三遊亭こうもりの名前をもらってからは、R－1で決勝に進んだりと、調子は上向きになった。きっといい名前だったのだ。

だが、二ツ目になり「三遊亭とむ」になった途端、ふたたび仕事が減ってきた。「とむ」という名前に対する愛着はあるが、きっと芸人とは相性が悪いのだ。そう思うことにした。

「満堂」という名前を受け入れるまでに時間はかかるだろうが、きっとここで成功してみせる。

こうして真打の披露目興行が始まった。

目が回るような忙しい毎日が始まった

両国寄席を皮切りに、全国を30ヵ所ほど回る。真打披露パーティーから武道館まで目まぐるしく一日一日が過ぎていく。

武道館までの準備が本当に間に合うのか、客席は埋まるのか、という心配はどこへやら。そんなことを考える暇もないくらい、目まぐるしい毎日が待っていた。

そうだ、来月の秋田と宮城のお披露目の集客とお弁当の手配をしないと。え？　好楽ファミリーも来るの？　お客さんという名の飲み仲間はみんな打ち上げ要員だな。ということは、何人で店を予約したらいいんだ。いつものあそこでいいかしら……。

え？　そのメンバーは落語会にはこない？　なんだよ、それ。ダメだよ。でも、マネージャーである娘のみの姉さんと一緒に、旦那さんも来る？　え、お孫さんも？

いや試験中でしょう。だって旅行は行きたいから？　いやこっちは仕事だから！　え、グッズ販売を手伝うって言ってる？　なんだ、可愛いじゃありませんか。

……わかったよ。ホテルと新幹線とっておくよ。

そうだ、毎日放送にラジオのギャラの請求書を出すの忘れてた。あ、12月の群馬の披露目のゲストが決まってなかった。タイムマシーン3号さん以外に、群馬にゆかりのあるゲストが思いつかないぞ……。もういいや、ゲストは群馬出身のできたくんで！　いやダメだ。できたくんはもう他の回にキャスティング済みだった。うーん、だったらＪＯＹさんどうだろ。でも忙しいだろうな。もういいや最悪、落語のあとに着替えて末高斗夢としてもう一度出て、二人分の仕事をすれば。

そんなことより、毎日放送のアナウンサー福ちゃんとＭ－１の稽古しなきゃ。彼のキャラクターも認知されてきたし、今回は絶対チャンスがあると思うんだ。

その前に浅草公会堂で、落語と歌舞伎が融合したイベントの準備があるのか。チケット代は落語30分と歌舞伎45分でしめて８５００円？　これはお客さんにとっても自分にとってもかなりハードルが高いよ、お前さん。

あ、ドラマも決まったのか。有名な俳優さんと共演できるのは嬉しいけど、相手のセリフを待たないといけないのか。待ち時間でなにか仕事するか。そうだ、最近始めたお茶の通販の仕入れでもするか。

「あ、もしも〜し。とむ茶をまた追加で500個お願いしたいんですけど。はい、いつもの住所に」

あ、また電話だ。なになに取材の依頼。はいはい、かしこまりました。来週の昼にお待ちしております。

もはや何屋かわからない生活だ。決して売れているわけじゃないのに、真打昇進が決まった途端、売れっ子みたいな分刻みのスケジュール。本当に目が回りそうだ。そして、真打昇進が一世一代のイベントであることを痛感する。

そんな私にみんなが付き合ってくれている。もちろん77歳の師匠好楽も。師匠はいくつになっても元気だけど、やっぱり心配である。と言いながら、このあいだの興行では、ビックスモールンとコラボで、体を張った芸をしてもらった。師匠は楽しそうにE.T.のマネをしていた。

ダメな弟子と見守る師匠

この披露目中、私はやらかしまくった。

大分に行った時は、移動中にやらかした。空港でスーツケースを別の方のものと取り違えてしまったのだ。問題は気がついたタイミングだ。実は前日に大分に入っていた。ただ、着いた瞬間に街に繰り出してしまったから、気がついたのは翌日の朝だった。開けたところ、見たこともない荷物が入っていたのだ。

二日酔いの頭をフル回転させて気がついた。人の荷物と取り違えてしまったらしい。言い訳をするなら、古いタイプの真っ黒なリモアのスーツケースは、自分以外に持っている人を見たことがなかったからだ。何の疑いもなく、荷物を持ち出してしまった。あわてて空港に電話すると、自分の荷物は忘れ物として残されているという。急いで空港に戻る。スーツケースの中には落語家の魂ともいうべき着物一式が入っているから、それがないことには高座に上がることも叶わない。

開演前、会場は大騒ぎだった。なんであいつはホテルに着いたらすぐにスーツケースを開けないんだ、とみんなが不思議そうな顔をしていたらしい。正解は一刻も早く飲みに行きたくて仕方がなかったからである。

そして時間通りに開演。前座の好二郎とらっ好の二人は汗をかきながら必死に時間をつないでくれた。

「満堂はまだ参りません」

会場は笑いに包まれていたが、私は汗だくで会場に向かっていた。自分の披露目だというのに、開演時間に間に合わないという不始末。お客様には申し訳ないし、師匠にも合わせる顔がない。

あわてて楽屋入りすると、師匠は高らかに笑った。

「たしかに同じスーツケースだ。こりゃ間違うね。そして自分の出番には間に合うってのが、お前さんの運の強いところ。アハハハハ」

汗だくで高座に上がると、満員のお客様の温かい拍手に救われた。披露目が無事に終わった帰り際、師匠からは「こんなの滅多にないことだから、新作落語にしたらいいじゃない」とありがたいお言葉までいただく。どんなことでも、笑い話にしてくれる、とことん優しい師匠なのであった。

小樽では高座で噺の最中に真っ青になった。

落語家の小道具として活躍する手拭いが、あるはずの懐になかったのだ。噺の途中だが必死に頭を回転させる。そうだ、思い出した。

「兄さん、お客さんが手拭いのデザインを見てから買うかどうか決めたいそうです。サンプルあります？」

物販をしていた弟弟子のらっ好とのやりとりが脳裏に鮮明に蘇る。

今回の披露目興行ではグッズの詰め合わせ袋を作ったのだが、手拭いというのはどこにいっても人気で、「デザインを見たい」というお客のオーダーに応えるため、着物の懐に入れていた手拭いをサンプルがわりに差し出したのだ（あの時か……）。

「ちょっとシワがあるけど、同じですからねと」とらっ好に手渡したのはいいが、そのことをすっかり忘れて高座に上がってしまった。

よりによってこの日に選んだのが、大ネタの「芝浜」だった。芝浜は古典落語の名作の一つで、夫婦の人情噺である。有名な噺でご存じの方もいるかもしれないが、ストーリーの中で、財布（＝手拭い）はとても大事な役割を果たす。だから、懐に手拭いがないことに気がついた時は、一瞬フリーズしたと思う。財布を拾って中身を確認する。そのシーンで私は覚悟を決めた。ないものはないのだから仕方がない。芝浜史上初の〝エアー手拭い〟を披露したのだ。いや元々財布を手拭いで表現しているからエアーも何もないのだが……。

落語の小道具は扇子と手拭い、その二つしかない。一つでも欠けると途端にやりづらくなるのだから、落語というのは奥が深いものだと思った。

冬の話なのに汗をびっしょりかいて高座を降りると、手拭いがないことに気づいていた師匠が笑顔で声をかけてくる。

「手拭いがないと気づいてからが、芸人の勝負どころだった。とても良かったよ」

新潟県の佐渡でもやらかした。前日に飲み過ぎ、記憶をなくした挙句、どうやら転倒したらしい。朝起きたら顔が血だらけだった。寝過ごしてしまい、痛みがひどくて待ち合わせ時間にも大きく遅れた。前乗りだからまだよかったが、師匠を含めた出演者を3時間以上待たせてしまうことがわかり、焦る。

さすがに血だらけはまずいと自分で人生初メイクをするものの、初めてのメイクゆえ、やり方がわからず、とりあえず怪我をした部分だけ塗ればいいやと顔の片側だけをメイクした。同じく先に佐渡入りしていた皆が、僕の顔を見てザワザワする。

「オペラ座の怪人がきた！」

片方だけパンパンに腫れた顔に、下手くそなメイク。たしかにホラーであった。それでも師匠は優しかった。

「私もね、前に酔っ払って顔から落ちたことがあるからさ。怒れないんだよね。師弟で顔からオチがつくってさ。それならしょうがないよね。アハハハハ」

極め付けはプライベートだ。先日、昏睡ボッタクリの被害にあったのだ。場所は湯島で、外国人の客引きに付いてスナックに入ったら、お店で記憶をなくしてしまった。強烈な酒を立て続けに飲まされて、どうやら眠り込んでしまったようだ。

まったく記憶はないのだが、酩酊状態の中、私はファミリマート文京湯島春日通り店のATMでお金を下ろしていたのがわかっている。朝4時58分に3万円、5時11分に20万円、5時28分に20万円の計43万円を引き出していた。

翌日の昼下がり、激しい頭痛で目が醒める。どうやら自宅の玄関で寝てしまったようだ。バキバキに固まった体を起こして、目を擦る。昨日の記憶はほとんどないのだが、なんだか嫌な予感がした。そしてそれは現実のものとなった。

あわてて警察に行くと「あそこのコンビニのATMは被害が多くて有名なんですよ」と言われる。かつては、クレジットカードで高額請求する手口だったが、最近ではベロベロに酔わせてコンビニのATMまで誘導し、現金を引き出させるらしい。ATMまでの道のりも、自分の足で歩かせる。どれだけ手元が怪しくても、店の女性従業員たちは、決して客のカードには手を触れない。あとで防犯ビデオなどを見ても、あくまで客の意思で支払ったと言い張るから被害も立証しづらいとのこと。

なんてこった。こうなったら噺のネタにするしかないだろう。一応師匠にも報告したところ、大きな声で笑うかと思ったら、心配そうな顔で見てくる。やはりそこまでいくと心配になるようだ。あるいは自分の身に降りかかった時のことを想像したのだろうか。

寄席が終わり、打ち上げに行こうかという時に、師匠が僕にそっと何かを渡してきた。封筒だ。中を見るとなんと50万も入っている。

「盗られたお金が返ってきたと思えばいいじゃないか」

いや、師匠。弟子は子供だとおかみさんは言ってくれていたが、「さすがにこれはいただけません！」と断った。だが、あとで聞いたところによると、お金配りおじさん（師匠）は、大きな馬券を当てたばかりだったらしい。やっぱり貰っておけば良かった、今からでも間に合うかしらと自問自答する日々がしばらく続いたのは言うまでもない。

師匠は今でもその話をするたびにこう笑う。

「お金は盗られたかもしれないけど、お前さんは無事だった。よかったじゃないの。アハハハハ」

芝浜と真剣に向かい合う

両国で行われた10日連続真打披露目興行、最終日に選んだ演目は「芝浜」だった。この噺には特別な思い入れがあった。

真打になるにあたって、僕は改めて落語と向き合おうと思っていた。M－1に出たり、R－1に出たりと、これまでたくさんの不興を買ってきた。目立っているから鼻につく、そう思っていたが、もしかしたら落語ときちんと向かい合っていないことを見抜かれていたのかもしれない。

真打に昇進してからは、雑事全般に気を取られてなおのことだ。今までできていたこともできなかったり、番頭のミスなども自分の責任である。中間管理職のようなポジションになったといえばいいのか。これまでにない責任が増えて一杯一杯になっていたのは間違いない。だからこそ、叱ってくれる人がいるだけでもありがたいと思うようになっていた。

落語に身が入ってないのなら、落語家失格だろうし、お客さんだって離れていく。落語を聞きにくるお客さんに認められずに真打を名乗るなんておこがましい。だから、落語と真剣に向かい合いたかった。


落語は書いて覚えてきた。書かないと覚えられない。小さい頃から祖父の影響で日記をつけてきた。1日の最後に書くという行為をしないと落ち着かなかった。その影響もあり、書くという行為によって、脳裏に刻み込まれるようになった。酒を飲んだ時以外は記憶力はいい方だと思う。

落語を覚える際は、白紙の大学ノートに鉛筆で書き写す。だいたい1ページが1分に相当する。夏休みの宿題かと笑われることも多いが、1日1ページと決めて徹底的に書いて覚える。一つの噺を覚えるのに、だいたい1ヶ月かかる。落語家たるもの、覚えている噺は多い方がいいに決まっている。ただ、覚えていればいいというものではない。その人にあった話というのがきっとあるはずで、それを見極めて、何度も高座にかけて、どこまでも高めていくのが芸だと思う。

古典落語のなかで特に思い入れがあったのが「芝浜」だった。先ほども書いたように、落語ファンなら知らないものはいない名作だから、ハードルもあがる。物語があまりによくできているから、なんとなく形になったように思えてしまう。だからこそ、自分のものにするのはとても難しい。

私はこの噺が大好きだった。なぜなら、自分も酒飲みだから、主人公勝五郎の気持ちがよくわかる。私も毎日酒を飲んでいるし、昨日のことはたいてい覚えていないし、大金を拾ったらきっと仕事を放り出して遊び呆けるに違いない。

「芝浜」の稽古をつけてもらったのは7、8年前のことだった。稽古をつけてくれたのは、三遊亭鳳志師匠だ。最初は簡単な話だと思った。登場人物が少ないからだ。最初の稽古で、師匠が目の前でネタをやってくれる。録音をしているものの、所作や表情などは見逃してはいけない。これを「つけの稽古」と呼ぶ。持ち帰ったらすぐにノートに文字起こしをしながら頭と体に叩き込んでいく。なんて魅力的な噺なんだろうと思ったし、覚えるのは楽しかった。

噺を覚えたら、それを録画して師匠に見てもらう。そして気になった箇所を教えてもらう。この稽古は一般的ではないかもしれないが、自分にはとてもわかりやすかった。これが「あげの稽古」。許可が出て初めて高座にかけることができる。師匠が認めないうちは、高座にかけることはできない。

初めて高座でかけた「芝浜」はとても評判が良かった。披露目興行でも肝心なところでかけて大きな拍手をいただいた。その後に飲む酒はうまかったし、夢にもならなかった。

打ち上げの席の師匠は、いつもニコニコ笑って楽しそうに酒を飲む。私の落語をいつも横で見ていた師匠だが、そういえば、落語についてお小言やお褒めの言葉をいただいたことは一度もない。

酒が回ってきたのだろう、誰かが「とむの落語はどうですか？」と聞いた。師匠は静かに笑ってこう答えた。

「あの子がやりたいことには、あの子なりの正解があるんです」

5章

やっぱり師匠はつまらない

今日も師匠は優しい

何度、師匠に救われたことだろう。ここ10年でもっとも大きな世界的危機といえば、やはりコロナウイルスだ。緊急事態宣言が発令され、外出することもままならなくなった。誰もが感染の恐怖におびえ、実際にお世話になった人も亡くなった。

世界経済が停滞する中で、何よりも影響を受けたのが私たちの業界だった。エンタメに従事する芸人、関係者はその食い扶持の多くを失った。それでなくてもその日暮らしをしていた芸人たちはアルバイトを増やして糊口をしのいだ。

そんな折、コロナ禍で脚光を浴びたのがフードデリバリーサービスだった。空いた時間にできるとあって、芸人たちは配達員として収入を得るようになっていた。当然高座もなくなったし、落語家も皆が路頭に迷う寸前だった。師匠に頼めばきっと経済的な援助をしてくれるだろうが、すべてを頼るのも後輩たちに格好がつかないと思っていた。

自分でもなにか収入を確保できないか。そんな軽い気持ちで始めたのが、フードデリバリーのプロデュースだった。「今この業界がアツい」という情報を得た私は、知人にそそのかされ鼻息荒く参入することにしたのだ。店舗は持たず、デリバリーに特化することで固定費や人件費を削減できるからリスクも高くない、という触れ込みだった。

――オープンは2022年1月。今思えば緊急事態宣言から2年が経ち、デリバリー業界も飽和していて頭打ちの時期であった。そんな折、タイ料理に特化した「三遊亭トムヤムクン」(現在は閉業)はオープンした。ラーメン、牛丼といった、ありきたりなデリバリーに辟易としていた層に訴求できると見込んだのだが、思わぬところから待ったがかかった。

「お前、三遊亭の名前を利用する気か！」

顔を真っ赤にして怒っているのはラジオで何年も共演している笑福亭鶴瓶師匠だっ

た。昨今は温和なタレントとしてのイメージが強いかもしれないが、もともとは新進気鋭の落語家で、周りに何を言われても頑としてアフロにオーバーオールというスタイルを変えなかったという逸話を持つ。それもすべては落語の持つ古いイメージを変えたかったから。落語に深い愛を持っている偉大な師匠である。

その鶴瓶師匠が怒っている。コロナ禍で苦しんでいるのは誰だって同じこと。目先の利益に囚われた自分のことが許せなかったのだろう。確かにその通りだ。

怒られたのはラジオの本番前だった。だが、その後のラジオの本番中にも思い出し怒りというか、やはり私の所業が許せなかったらしく、公共の電波を使って私の糾弾を始めた。

「なんやねん三遊亭トムヤムクンって」「落語をなめとんのか」「いいかげんにせい」

と怒りは収まらない。師匠の怒りは落語を冒涜されたという点にある。正直、このまま番組を降板させられてもおかしくないくらいの怒り方だった。

「お前の師匠はどう言ってんねん。さぞかし、怒ってたやろ」

お前の師匠も腹を立てているに決まっている。そう思ったのだろう。ウチの師匠は店をオープンすることを報告するとこう言った。

「そうか。これからはタイ料理の時代だね」

共演者やスタッフさんはもちろんのこと、鶴瓶師匠も思わず「グフフ…」と笑った。

この世界は笑わせたもん勝ち。笑ってしまったら負けである。

「……だったら、ええ。いい加減な一門やで、ホンマ」

こうして師匠のおかげで、レギュラー剥奪の危機を逃れたのであった。

酔っ払うとときどきいいことを言う

何度、師匠と酒を飲んだことだろう。師匠は酒が大好きだ。ご自身も酒のしくじりで23回も師匠から破門されている折り紙付きの〝飲兵衛〟である。現在77歳。前より弱くはなったのだろうけど、それでも毎日飲み歩いているから、弟子が言うのもなんだが、たいしたものだと思う。

師匠の行く先は大体決まっている。自宅近くの居酒屋から、カラオケスナック、朝までやっているイタリアン。なんだ、朝までやっているイタリアンって……。そして上野のフィリピンパブ。ここのママがおかみさんにどことなく似ているのはナイショである。行きつけの店には足繁く通うから、店の覚えもめでたい。みんながチヤホヤしてくれるから師匠も上機嫌でグラスを空にしていく。

お供する弟子はその日によって違うが、翌日仕事があったり、先約があるものは参加しない。1年中やっているラジオ体操みたいなものだから、1日くらい休んでも文句を言われることはない。

最初に「酒が飲めれば入門」と言われたが、あながち間違いではない。とにかく宴会ばかりである。用もないのに一年中集まっている一門は絶対にない。落語会の終わりはもちろんのこと、何かにつけて宴会。先日は近所に美味しい割烹がオープンしたからと、師匠の家にみんなで集まり宴会したのは意味がわからなかった。

飲み会を誰よりも楽しみにしているのは師匠だ。自ら近くのスーパーに買い出しに行き、台所でフライパンを振ってつまみをつくり、弟子に落花生をむいてくれる師匠は他にはいないだろう。

弟子たちの酒癖も十人十色である。適度に水を飲みながら酔わないようにするもの、好きな酒をチビチビと楽しむもの、とにかく量を胃に流し込んでアホみたいに酔う者。もちろん私はいちばん後者である。

先日は末弟で十番弟子の正真正銘のスウェーデン人落語家、三遊亭好青年が久々に地元北欧に行ったからとお土産に持ってきたシュナップスという強いお酒を師匠に何杯も飲ませようとしていたが「死んじゃうから」とみんなに止められていた。

師匠の孫と恋バナをするものもいる。あまり芸談はしない。ただただ、バカ話が続く。よくも毎日飽きないものである。

先日の地方公演後では、主催者との打ち上げが解散したものの、師匠はまだ飲み足りない様子だった。だが、夜11時を過ぎた地方都市の繁華街はどこの店もシャッターが閉まっている。すると、師匠が「部屋飲みしよう」と提案をしてきた。大学生ではない、77歳の〝師匠〟と呼ばれる人の発言である。弟子の一人が「どの部屋で集まります？」と尋ねる。師匠は間髪入れずに言う。

「私の部屋でいいじゃない」

部屋に大勢が集まると部屋は汚れるし、掃除も面倒だ。しかし、師匠は「一番広い部屋だから」と自分の部屋を提供してくれたのだろう。いかに快適に飲み会をするか。それだけを考えている師匠に感動したのは私だけだろうか。

そんな師匠だが、酒の席で、ときどき考えさせられるようなことをさらりと言う。先日のビアホールでの打ち上げ中のこと。酒で気分が良くなった師匠は、ふとつぶやいた。

「居酒屋ってさ、愚痴ばかりじゃない。でも、ビアホールって、なぜかみーんな笑顔なんだよ。不思議だよね」

あたりを見渡すと確かにそうだ。みんなが笑顔で、真っ赤な顔をしてビールで乾杯している。馬鹿騒ぎする若者もいない。私より少し上、そして師匠くらいの年代の方が、みんな楽しそうにジョッキを傾けている。ビアホールは心と懐にゆとりがある時に行くところなのかもな。そう思ったら、突然素敵な場所に思えてきた。

注文を記入する私の字が汚いと笑われたときも、さらっと師匠はこう言った。

「そりゃ達筆は素晴らしいけど、字が汚い方が胸を打つこともあるんだよ。結婚式の新郎の父親のスピーチと同じで、ヘタクソなほど思い出に残るってあるじゃない」

酒に酔った時の師匠の言葉を書き残しておこうと思うのだが、いつも師匠と同じペースで飲んでいると忘れてしまうのだ。

お客様は自分を映す鏡

師匠はいつも若手のことを気遣ってくれる。ゴールデンウィークには中堅芸人を集めた寄席を企画してくれた。

「芸人ってこの時期は、暇して困ってるだろうから……」

優しい師匠のその一言で、ゴールデンウィークに3日連続開催された寄席。集まったのは、師匠と僕と弟子のぽん太以外は、みんなお笑い芸人という珍しいイベントだった。

寄席の後はもちろん打ち上げだ。というより、最初からそれが目的であるから、師匠は大盤振る舞いで、完全に赤字である。「みんなはもう一門だ！」という師匠の発言に気を良くしたTOKYOCOOLの前すすむ先輩は「ほんまにええ師匠や」と感動している。この先輩、酒に酔うとなかなかのクズっぷりを発揮するのだが、この日も事件を起こしてくれた。

こんなに気前のいい師匠なのだからと、寄席に呼ばれてない芸人を翌日の打ち上げに呼んでしまったのだ。「ど〜も」と言いながら知らない芸人がたくさん打ち上げに入ってきた瞬間、空気が一瞬にして変わる。こういった礼儀にうるさいのも落語の世界である。そりゃあそうだ。

しかし、その時の師匠はかっこよかった。

「呼ばれてなくても来るぐらいじゃなきゃ芸人じゃないから。アハハハハ、乾杯！」

お客以上に出演者が入り、打ち上げ会場はぎゅうぎゅう。大赤字でおそらく二度と開催されることはないだろう。

前先輩のように、僕の仲の良いお笑いの先輩はむちゃくちゃな人が多い。X-GUNのさがねさんは打ち上げで泥酔し、師匠好楽にキスしようとしていた。すぐにおかみさんに裏に呼び出された。

「あんたの仲間はみんなあんなのばっかりだね。早く帰ってもらいなさい。ついでにあんたも帰りな」

なぜか僕まで帰されてしまったし、翌日もおかみさんにたっぷりしぼられたのは言うまでもない。

「自分の周りは自分を映す鏡」であると師匠は常々言っていた。

「いい芸人にはいいお客様。悪い芸人には悪いお客様がつく。お客様は自分を映す鏡だよ」

これはどの人間関係にも通じると思う。師匠の金言を聞いた翌日、僕は独演会だった。高座に上がり、お辞儀をして顔を上げると1列目にはセーラ服を着た白髪のおじいさんがいた。

お客様は自分を映す鏡である。

おかみさんキラー

弟弟子に「三遊亭好好」という男がいる。今は二ツ目で、前座の頃は「三遊亭はち好」と名乗っていた。前座中は他の弟子と同じように、師匠にべったりくっついていたのだが、おかみさんにこれほど可愛がられた弟子はいなかったと記憶している。

その証拠におかみさんのLINEを唯一知っていたのは、好好だけである。おかみさんと二人きりで「いきなりステーキ」にたびたび行っていたのも好好一人である。入門したら普通は前座修行の大変さで痩せていくのだが、おかみさんから栄養がつくものを定期的に与えられていたおかげで、58キロで入門した彼は気がつけばMAX86キロまで膨張していた。

そして、おかみさんから貰ったお小遣いで風俗に行っていた。おかみさんは弟子がクズであればクズであるほど可愛くて仕方がないらしい。心の底から面倒見がいい人だった。

――はるか昔、とある飲み会の一コマ。この日の好楽一門も相変わらず宴会だ。居酒屋で和気藹々と喋っていると、おかみさんがパンパンと手を叩いてみんなの注目を集めた。

「みんな聞いて～。なんとはち好が、他の一門から、前座仕事を貰いました！」

酒が入っていることもあり、「お、頑張れよ！」と盛り上がりはしたが、みんな半笑いだ。それもそのはず、他の一門や協会の方から前座を頼まれることは、いたって普通のことだからだ。はち好は落語が苦手で、さらに楽屋仕事も不得意なことが他の一門にも知れ渡っているから頼まれないだけである。逆に言えば、前座ではち好を呼ぶなんてよほどの物好きか、あるいはおかみさんを喜ばせて、師匠好楽を次の落語会に安く呼ぼうという魂胆かもしれない。

弟子たちの思いとは別に、おかみさんはただただ喜んでいる。僕の仕事で、はち好に前座仕事をお願いをしたときも、飲み会の席で面と向かってお礼を言われた。

「うちのはち好を使ってくれてありがとうね」

「いや、おかみさん、僕も一門ですよ」とすかさず突っ込むと「あぁ、そうだったわね、アハハ」と笑っている。とにかく身内同然、いやそれ以上に可愛がられていた。

話はそこで終わらなかった。

「でね、相談。あの子、明日がとても朝早い仕事なの。だから一番下っ端だけどさ、もう帰そうと思うの。いいかな?」

いいかなと言われても、おかみさんに言われたら断る余地などない。そりゃあもちろんですと時計を見ると、えーと、夜の8時半。

「いや、そうなんだけどさ。この子ったら緊張して寝れなくて寝坊したら困るじゃない。さ、はち好帰んな」

時計が20時35分を指した頃、「明日は頑張れよ」とみんなに送り出されたはち好。

翌日まんまと寝坊したのは言うまでもない。だが、真のダメ男は転んでもただでは起きない。彼は常に我々の予想の一歩上をいく。

「おい、昨日は遅刻したんだって? おかみさん怒ってただろ?」

翌日はち好に電話をしたのだが、そんなに凹んでいる感じはしない。もちろんおかみさんからひと通りお小言をもらったようだ。だが「やっちゃったことは仕方ないから、次頑張んなさい」と靴下を買ってくれたのだとか。

「なんだそれ！」

おかみさんにそこまで愛されるはち好がうらやましく思えたものだ。


そんなおかみさんも、2020年4月にこの世を去ってしまった。

普段から我慢強く、病院が嫌いだったおかみさん。病気が見つかった時にはもう手遅れだったそうだ。心配されたくないおかみさんは家族以外に知られないよう箝口令を敷いていたが、なんとなく一門はわかってはいたから、最後の一年はその話題に触れないようにしていた。

ずっと表に出てこなかったおかみさんだが、最後のお正月は、みんなの前に顔を出した。寄席終わりの打ち上げにも最後までいた。苦しかっただろうが、絶対に顔には出さなかった。

その日も僕はいつも通り酔っ払った。同じようにグデグデになっていた芸人に「あんた酒癖悪いな！」と言うと、間髪入れずおかみさんが「お前もだよ！」と突っ込んでくれた。素晴らしい間だった。

2020年1月7日、三遊亭はち好の二ツ目昇進披露落語会がはち好の地元愛知県で行われた。

前日までベッドから起きることもままならなかったおかみさんなのに、「あの子の披露目だけは」とその日はピシッとした着物で、わざわざ新幹線に乗り名古屋まで足を運んだ。そして打ち上げまで参加するという。

おかみさんがわざわざいらしてくれたことで一門はみんな浮き足立っていた。打ち上げ会場を予約したのはこの日の主役はち好だった。

弟子たちは会場の片付けを終えて店に着くなり目を疑った。しゃれた雰囲気のお好み焼き屋なのだが、こんなに長細い店があるのかと感心してしまうほど、うなぎが縦列駐車できるくらい長いカウンターだけの店だったからだ。

「おい！　打ち上げだぞ」

はち好を店の外に呼び出し、「隣としか喋れないじゃないか」とみんなが文句を言う。

ふとあることが気になった。先に店に入ってたおかみさんも怒ってるんじゃないだろうか。

「いえ。わたしの痩せた身体を隠すために、あえてカウンターを選んでくれたって喜んでくれてます」

物は捉えようである。自分の手柄かのようにその話をするはち好は、まるで一休さんに見えた。


――そして、おかみさんは亡くなった。弟子たちは師匠よりも10年20年長く付き合う覚悟でいたと思う。だから喪失感が大きかった。亡くなったのは、コロナが始まったばかりの頃で、葬儀もままならない時期だった。みんなが前に引っ張り出そうとしても「私はいいから!」と表には絶対出なかったおかみさんらしい幕の引き方と言っていいのかもしれない。なんとも粋な最期だった。

あれから3年が経った。今でも一門のだれかがやらかすと、「おかみさんが生きてたら、怒ったただろうなぁ」が合言葉になっている。おかみさんの月命日には、墓前にたくさんの花が並ぶ。名前の通り孝行息子な好好も、毎月お参りを欠かしたことがない。それでこそおかみさんの一番弟子だ。

ある日開いたパンドラの箱

師匠は集客力という点では、他の笑点メンバーには劣ると思う。五代目圓楽、六代目円楽、三遊亭小遊三、林家木久蔵……歴代のメンバーはそれこそ化け物みたいな人たちばかりだから、笑点の中で目立たなかったとしてもしかたないだろう。

時々爪痕を残そうと必死に手を上げるが、だいたいスベる。そしてドヤ顔をする。だが、「師匠、スベってますよ」なんて、共演者やスタッフもこれまで誰も本人には言えなかったのだろう。

だが、とあるテレビのロケでパンドラの箱を開けてしまった。『ウチくる!?』という番組のゲストに師匠が呼ばれたときのことだ。師匠のダメなところを弟子が言うコーナーがあったのだが、他の弟子があたりさわりのないことを言う中で、私が徹底的にいじってしまったのだ。

30年、日立ったキャラがない
ピンクを脱いだら
ただのじいさん

R－1でやったネタそのままである。みんながうすうす思っていたことを師匠の前で言った瞬間、大爆笑がおこった。私は師匠の日々のエピソードを逐一メモしていたから、それを披露しているだけなのだが、大いにウケた。実際にオンエアも好評だったらしい。

その日から好楽師匠は、「俺は面白くないから」とすね始めた。その様子が最高に決まっていた。それまでは「家が貧乏」だとかそんな風にいじられることが多かった。息子の王楽師匠は幼い頃、父親が落語家であることをひた隠しにしていたらしい。

だが、気がつけば、笑点メンバーも「落語会がガラガラ」「客より演者が多い」と師匠をいじるようになり、それは笑点のテッパンネタの一つになっていった。

自分が禁断の扉を開けたと言うつもりはない。だが、ずっと開いていたのに誰も入らない扉に勇気を出して飛び込んだら、新たな地平が開けた。

それにしても、なぜみんな師匠を楽しそうにいじるのだろう。

それは、ウチの師匠がとにかく人間的な魅力に溢れた人物だからだと思う。弟子にも家族にも、それ以外にもとにかく優しいし人懐っこい。知り合ったばかりの人を打ち上げに呼んでしまったことも数えきれない。

そして、とにかくいい加減。まるで落語の主人公のような生き方をしている。

たとえば、弟子には「たとえお客様が一人しかいなくても精一杯に芸を見せるのが芸人だ」と教えておいて、自分の寄席で大雪の日に来たお客様が一人だとわかると、一気にテンションが下がったのか中止にしてしまった。そのお客さんが知り合いだったのをいいことに、落語をやるのは面倒だからと、お客さんを楽屋に呼んで飲み会を始めたのは笑った。

師匠の独演会では「古典落語三席」とチラシにうたっていたにも関わらず、二席が終わった休憩中、三席目が急に面倒になったのか、みんなで大喜利をやろうと言い始めた。

「いや師匠、三席目は？」という客の声に対して、「別に私の落語なんて見に来てないだろ」と逆ギレした挙句、「独演会よりもこのあとの打ち上げがメインなんだよ」と言ったら、いつもは温厚なお客さんもキレてしまった。

「師匠、いい加減にしてください。私は師匠がやる予定だった三席目を聴きにきたんです」

終演後に出待ちまでして師匠を捕まえた常連客の怒り、いや愛情は止まらない。

「こないだもグズグズでした」
「うろ覚えでした」
「まったく聞き取れませんでした」

去り際には「きちんと稽古してください」と愛のある言葉をいただき、珍しく反省した様子の師匠であった。

それに発奮したのかわからないが、その次の独演会も「三席ネタ出し」を掲げた。前回大喜利でやらなかった演目もきちんと入っているし、弟子も聴いたことがない珍しい演目まで入っている。師匠の本気を感じた。

だが、チラシを見て弟子たちは皆心配になった。めったにやらないネタはしばらくすると忘れてしまうこともあるからだ。ましてや自分が弟子入りしてから一度も見たことがないネタだ。

ウチの一門は師匠に遠慮することはないからストレートに聞く。

「このネタは、大丈夫ですか……」

すると師匠は「実は40年ぶりにやるんだ」と言いながらカバンをゴソゴソと漁っている。中から出てきたのはウォークマン（古い！）だった。

「私も心配だったからね。ホラっ、このカセットテープを聴いて思い出すから」

ただいま本番30分前。そして真剣な顔でカセットテープで落語のおさらいを始めた。しばらくすると「好楽さーん！」と馴染みのお客さんが差し入れを持ってくる。

「どうもねー。今日の打ち上げも来てね」

話を終えると、またヘッドフォンをつける師匠。

「好楽師匠こんにちは」

「あれ、来てくれたの！」

人気者の師匠の楽屋には、ひっきりなしにお客さんが顔を出す。その度、笑顔で談笑する。この愛想の良さゆえ誰からも愛されるのだろう。

そして迎えた本番。さすが大師匠である。テープで聞いたとおりに間違いなくネタを披露していく。ただ、お客様の相手をしていた部分はすっぽりと抜けていた。

もちろんこの日もお客様に怒られたことは言うまでもない。

師匠の落語に緊張する

その日、一門は朝から病室に集まっていた。いつもは笑顔が絶えないメンバーだが、この日だけは緊張感が走っていた。ベッドの上に横たわる師匠は「大丈夫だから」と無理に笑うが、弟子たちは引き攣《つ》った愛想笑いを浮かべることしかできない。

師匠はこれから手術室に向かう。大腸にポリープが見つかり、それを除去する手術を行うのだ。『笑点』放送50周年だった6年前にメンバー全員で人間ドックに入ったところ、大腸にポリープが7個見つかった師匠。

「7つってことは直弟子とおんなじ数だ」と笑い飛ばしたそうだが、きっと不安だったろう。笑点メンバーからは「ポリープを取る前に笑いを取れ」と言われたとか言われないとか。

おかみさんが亡くなったのをきっかけに、息子の王楽師匠や弟子たちが病院嫌いの師匠を人間ドックに放り込んだ。その結果、再びポリープが12個、見つかった。

手術室まで付き合い、師匠を見送る。今生の別れを迎えたような気分で、一門はそれぞれ仕事へ向かう。仕事の最中も師匠の容体が気になってしかたなかったが、昼過ぎに師匠の娘さんでマネージャーのみの姉さんからLINEが来た。

「手術無事成功」の文字と共に送られてきた画像には、真っ白な顔をした仏様のような師匠が写っていて、思わず手を合わせてしまった。

師匠も気がつけば77歳になっていた。息子の王楽師匠と、娘さんが二人。マネージャーをやっているみの姉さんはおかみさんの後継者であり、次女のつぎ子姉さんは鬼子母神でおいしいたい焼き屋をやっている。

5人のお孫さんもみんな可愛らしい子ばかりだ。一門の集まりにも顔を出し、弟子たちが自分より未熟者であることをきちんと理解していて、一番下のお孫さんは弟子たちの恋バナに真剣にアドバイスをくれる。

そして孫たちは、落語にもうるさい。師匠の落語会が終わると真っ先に師匠の元へ行ってダメ出しをする。

「また同じネタ？」

「『つる』ばっかりじゃん」

「たまには違うネタに挑戦しないと」

弟子が言いにくいこともはっきり言う。それが羨ましくもある。何が羨ましいって、客席で落語を観られることだ。我々噺家は、客席から落語を観てはいけないという決まりがある。落語をほとんど知らずにこの世界に入った私は、名人と呼ばれる噺家の芸をほとんど客席から観ていない。そのことをいまだに後悔している。

2023年10月神戸で行われたイベントに師匠が呼ばれるということで、神戸にいる知り合いが観に来ませんかと声をかけてくれた。

「ありがとうございます。しかしながら我々噺家は……」と先ほどの決まりを理由に断ろうとしたが、なんだか久しぶりに師匠の落語を客席から観てみたいと思った。師匠の落語を客席から観たことは片手で数えるほど。いったいどんな落語をするのか、目に焼き付けておこうと思ったのだ。

その日は朝からサングラスに帽子という出で立ちで家を出た。いつもの派手なシャツは封印して地味な色の上下で揃える。これは変装のつもりであった。

受付を済ませて、座席を見つけて腰を下ろす。客席のお客様たちはリラックスして皆楽しそう。落語というのは素晴らしいお客様に支えられているのだと改めて思う。

この日の前座は好好だった。弟弟子の高座にこっちが緊張してしまうが、気づけば人様に聞かせられる腕になっていたことに感動する。彼も努力を続けてきたのだ。

そして師匠の番がやってきて、居住まいを正す。小噺を3つほどやってお客を上手にあたためてから、流れるように本ネタに入る。演目は「つる」だった。そういえば、この前の独演会も「つる」だった。入門してすぐに教わったのが「つる」だった。なんだか懐かしい。先ほどの3つの小噺も師匠から習ったし、私はこの小噺と「つる」以外は師匠から習ってないことに気づいた。

あれが師匠としっかりと膝を突き合わせ向かい合った最初で最後の機会だったのだ。

一門で挑戦した仮装大賞

この日、好楽一門は汐留の日本テレビにいた。仮装大賞の予選に出るためだ。

お笑い芸人時代に一度出演したことがあったが、コロナ禍でお休みしていた番組が久しぶりに放送されると知っていてもたってもいられなくなった。

一門で仮装大賞に出たら面白そうだな。はたと思いついた私は、いつもの飲み会で弟弟子たちに提案したところ、なんだか盛り上がって参加が決まってしまう。

翌日、師匠にお願いに行く。もちろん出演してもらうためである。その裏には、国民的番組のレギュラーを担ぎ出せば予選で落とされることはないだろうという目論見があったことはナイショだ（仮装大賞も笑点も日テレ系列の番組だ）。

ネタは僕が考えた。坂木九さんの「見上げてごらん夜の星を」を題材に、歌詞の「見上げてごらん」を「吸い上げてごらん」と替え歌しながら、いろんな物を吸い上げていくという内容だった。

舞台裏では高座よりも緊張している師匠。いざ番号を呼ばれ、ステージでネタを披露し終える。やり切ったがイマイチ反応が悪い気もする。

すると審査員から質問があった。

「これを考えたのは誰ですか？」

おそるおそる私が手を上げると、「やっぱり」と苦笑される。そして一言。

「これは、仮装大賞じゃなくて、小道具大賞ですね」

テレビのオーディションというものを初めて経験する前座から、全身タイツの師匠好楽まで全員がステージ上で下を向いて俯《うつむ》いていた。不完全燃焼のまま舞台からはけて、すぐに師匠に頭を下げる。

「イマイチで申し訳ありません」

「とりあえず、なんかおごって」

ぐったりとした師匠を連れて向かったのは銀座のビアホール。昼13時から反省会という名の打ち上げが始まった。これがとにかく楽しかった。

「あのネタのここをもっとこうすればいいね」

笑点のレギュラーがいたら落とされることはないだろうからと、みんなネタのブラッシュアップに余念がなかった。常に最高の笑いを求めるのが芸人である。若手からもベテランからも積極的に意見が出てくる。

ネタの準備や予選の緊張を含めて、まるで文化祭のような体験を全員で共有したことで、おそらく興奮状態にあったのだろう。5分の仮装大賞の打ち上げは、気づけば10時間続いていた。

師匠は必死に仮装のネタを考える私たちの様子を楽しそうに見ていた。

翌日、落選の連絡が来るとは夢にも思っていなかった。

最後に愉快な好楽一門を紹介して終わりたい。

●三遊亭好太郎《さんゆうていこうたろう》師匠

どこまでも優しく子供のようなピュアな心を持つ総領弟子。芸達者だがミーハーな一面も。前座時代は師匠によく怒られていたそうで、師匠好楽に一番気を遣っている。好太郎師匠がいるからこそ、一門がまとまっている。

○三遊亭らっ好《こう》　二ツ目

長崎大学の落語研究会に所属していた頃に、全日本学生落語選手権で決勝進出を果たしたが、これがNHKで流れており、それを文化放送で見ていたら、大竹まことさんから「お前より上手いな」と言われたことがある。お父さんは元自衛官でむちゃくちゃミーハー。ヨイショがとにかく上手で、「満堂兄さんを尊敬している」と言っているが、一番ナメている。

○三遊亭はしびろ好《こう》　前座

沖縄出身。入門したばかりだが41歳！　得体の知れない男。

●三遊亭兼好《けんこう》師匠

一門のエース！　入門前はタウン誌の記者や、魚河岸で働いていた。弟子入りをお願いするため、スクーターで向かったが、「まずはヘルメットを取りなさい」と断られてしまったという。子供が2人いるということを理由に何度か断られるが、何度も通い詰めて弟子入り。落語がとにかく上手だが、好楽イズムないい加減な一面も。

○三遊亭兼太郎《けんたろう》　二ツ目

心はニノセン。格闘技が大好きで、自身も格闘技をやっていた。前座時代はこうもり、らっ好、兼太郎で会をやっていた。やらかしを重ねた結果何度かキレてしまって以来、私にとても気を遣っている。

○三遊亭好二郎《こうじろう》　二ツ目

満堂の真打披露目一番番頭。常日頃から番頭を卒業したがっている。打ち上げの席では好楽の孫と真剣に恋愛話をする。いかにも孫弟子という感じの愛されキャラ。

○三遊亭兼矢《けんや》　二ツ目

甘いマスク！　冷静だが、どこか、いやだいぶオカシイ！　アゴがシャープ過ぎて少し歯が足りない。そこが愛くるしい。

○三遊亭けろよん　前座

眉毛が濃いのが特徴。若いのにゴダイゴ大好きで、カラオケでは一曲目から「ガンダーラ」をチョイスして不興を買うが優しい男。

○三遊亭げんき　前座

まだ18歳だが、期待の新星。関西出身で宝塚が大好き。名前と違ってとにかく元気がない。

●三遊亭好《こう》の助《すけ》　師匠

三番弟子。お父様はナポレオンズのボナ植木さん。「師匠を一番尊敬している」とは好楽談。不器用なところもあるが根はとても優しい。三遊亭こうもり時代は水と油のような関係であったが、満堂が二ツ目になってからは仲良くなる。今でも満堂に注意してくれるありがたい存在。

●三遊亭好《こう》一《いち》郎《ろう》師匠

四番弟子。一門の頭脳。東京都のイベントで都のシンボルであるイチョウマークをたくさん作ることになり、前座や二ツ目は夜遅くまで白い大きな紙をイチョウ形に切り抜き、緑のマジックで塗っていた。翌日、その紙を見た好一郎師匠は「緑の紙じゃ駄目だったの？」。

●三遊亭鯛《たい》好《こう》兄さん　二ツ目

五番弟子。林家たい平師匠の門を叩くものの、落語協会には弟子の年齢制限があったことで三遊亭好楽を紹介され入門。1日12時間ラジオを聴き、気になる番組をすべて録音し倍速で聴く。修行が足りないからと自ら真打昇進を固辞していたが、2025年に真打昇進が決まる。

○三遊亭ぽん太　二ツ目

七番弟子。一見地味だが、事務作業などもきちんとしていて、落語の覚えも早くネタ数も多い。古典落語をはじめ大ネタにも挑戦している。オタクな気質だが、インスタのフォロリストは綺麗な女の子ばかり。

○三遊亭好好《こうこう》　二ツ目

八番弟子。おかみさんにもっとも愛された男。風俗が大好きな一門のマスコット。とんでもない音痴。師匠のお付きばかりしていること、髪の毛がなくピカピカなことから「お付き様」と言われている。

○三遊亭好志朗《こうしろう》　二ツ目

九番弟子。元お笑い芸人。謎多き男。何かしら言い訳をして、一門の集まりを避けている気がするが、落語は上手い。

○三遊亭好青年《こうせいねん》　二ツ目

十番弟子。スウェーデン出身で、日本のアニメーションや漫画をきっかけに日本に興味を持ち、来日したイケメン。ボルボ亭イケ也時代からとむの会に出演。「とむ兄さん、日本語上手くなったね」といじってくるから気が抜けない。

錦笑亭満堂

しのぶ亭

エピローグ

この本を書いているのは真打披露目ツアーの真っ最中である。全国ツアーには、師匠好楽にすべてついて来てもらっている。落語会はもちろん、その後の打ち上げもずっと行動を共にしている。前座修行を終え二ツ目になると、ぐっと師匠と行動を共にする時間が減る。だから、ずっと一緒だと、前座時代のことを懐かしく思い出す。

前座時代は高座に関しては放任主義だった。何をやっても「好きにやりなさい」。だから師匠に落語を見てもらった記憶はほとんどない。だが、今回の全国ツアーでは常に袖で見守ってくれている。同じ噺の新作落語でも、時には笑ってくれて、時には真剣に聞いているのがわかる。それがとても嬉しい。

――2週間前の夜のことだ。時計が夜9時を回ったあたりで、弟弟子からの着信に気がついた。これまではＬＩＮＥのメッセージでやり取りをすることがほとんどだから、着信があったときは嫌な予感がした。

「兄さん、大師匠が……大師匠が！」

弟弟子のらっ好だった。その日、僕の出番はなかったが師匠が両国寄席のトリを務めていることは把握していた。ちょうど、寄席が終わったであろう時刻だ。師匠好楽にとっては孫弟子にあたる三遊亭らっ好がひどく慌てている。なんせあんなに元気とはいえ77歳。何があってもおかしくない。寄席で何があったというのか。

「大師匠が……兄さんの新作落語をパクってました！」

どうやら私のオリジナル落語を、一言一句間違えることなく、展開まで丁寧になぞっていたのだという。そのとき、合点がいった。だから披露目中も、ずっと袖で見ていたのか。同じ話を飽きもせずに聞いていたのか。らっ好も同じことを思ったらしい。

「おかしいですよね。兄さんの落語に興味なんかないのに、ずっと袖で聞いてるから」

興奮ついでにさらっと悪口を言うから、この弟弟子は気が抜けない。高座から降りた師匠は、らっ好のもとにつつっと近寄り、そっと耳打ちをしたという。

「くれぐれも、とむには内緒でね」

師匠、もうバレましたよ。

寄席にいた馴染みのお客さんからも連絡がたくさんあった。

「ビックリしたよ」

「あんたのネタを師匠がやるなんてねえ」

「あなたよりウケてたわよ」

師匠に噺をパクられるなんて、弟子からしたらこれほどの名誉はない。


翌日の朝、師匠に電話をすると気まずそうな声である。

「あ、聞いちゃった？　ごめんなさいね。ついやりたくなっちゃってさ、もうやらないから。一回きりだから」

「いえいえ、僕は嬉しかったですよ」と言っても「ああいったサプライズは1回だからいいんだよ」と笑う。そして「もうやらないからね」と言って電話を切った。

だが、あれから少なくとも4回は高座で私のネタをやっている。

「またお前の新作やっちゃった。アハハハハ」

そう言って、師匠は私に濃いめのハイボールを作ってくれるのだ。

ウチの師匠がつまらない

2024年2月2日　第1刷

著者　錦笑亭満堂

デザイン　若井夏澄（tri）
編集・写真　キンマサタカ（パンダ舎）
校閲　聚珍社

師匠　三遊亭好楽

発行人　宇都宮誠樹
編集　熊谷由香理
発行所　株式会社パルコ
エンタテインメント事業部
〒150-0042　東京都渋谷区宇田川町15-1
電話　03-3477-5755

印刷・製本　株式会社加藤文明社

Printed in Japan

ISBN978-4-86506-443-8 C0095

落丁本・乱丁本は購入書店名をご記入の上、
小社編集部あてにお送りください。
送料小社負担にてお取り替えいたします。
〒150-0045　東京都渋谷区神泉町8-16
渋谷ファーストプレイス　パルコ出版　編集部

錦笑亭満堂
（きんしょうていまんどう）

1983年生まれ。三遊亭好楽一門の落語家。1999年に本名「末高斗夢（すえたかとむ）」の名でお笑い芸人としてデビュー。2011年に落語への可能性を見いだし、三遊亭好楽の元に弟子入り。同時にお笑いでも2013年「R-1ぐらんぷり」決勝進出。三遊亭こうもり、三遊亭とむを経て、2023年7月1日に真打昇進し「錦笑亭満堂」となる。